AF469823

COMMENTAIRE

SUR

L'ESPRIT DES LOIX,

DE MONTESQUIEU.

Mr. de *VOLTAIRE.*

MDCCLXXVIII.

COMMENTAIRE

SUR

L'ESPRIT DES LOIX.

AVANT-PROPOS.

MONTESQUIEU fut compté parmi les hommes les plus illuſtres du dix-huitieme ſiecle, & cependant, il ne fut pas perſécuté : il ne fut qu'un peu moleſté pour ſes Lettres Perſanes, ouvrage imité du Siamois, de Dufreni & de l'Eſpion Turc, imitation très ſupérieure aux originaux, mais au-deſſous de ſon génie. Sa gloire fut l'Eſprit des Loix, les ouvrages des Grotius & des Puffendorf n'étaient que des compilations ; celui de Monteſquieu parut être celui d'un homme d'état, d'un philoſophe, d'un bel eſprit, d'un citoyen. Preſque tous ceux qui étaient les juges naturels d'un tel livre, gens de lettres, gens de loi, de tous les pays, le regardèrent, & le regardent encor, comme le Code de la raiſon & de la liberté. Mais dans les deux ſectes des janſéniſtes & des jéſuites qui exiſtaient encor, il ſe trouva des écrivains qui prétendirent ſe ſignaler contre ce livre, dans l'eſpérance de réuſſir à la faveur de ſon nom, comme les inſectes s'attachent à la pourſuite de l'homme, & ſe nourriſſent de ſa ſubſtance. Il y avait quelques miſérables profits alors à débiter des brochures théologiques, & en attaquant les philoſophes. Ce fut une belle occaſion pour le Gazetier des nouvelles eccléſiaſtiques, qui vendait, toutes les ſemaines, l'hiſtoire moderne des ſacriſtains de paroiſſe, des porte-dieu, des foſſoyeurs & des marguilliers. Cet homme cria contre le préſident de Monteſquieu, religion, religion!

Dieu, Dieu ! & il appella déiste & athée, pour mieux vendre sa gazette. Ce qui semble peu croyable, c'est que Montesquieu daigna lui répondre. Les trois doigts qui avaient écrit l'Esprit des Loix, s'abaissèrent jusqu'à écraser par la force de la raison, & à coups d'épigrammes la guêpe convulsionaire, qui bourdonnait à ses oreilles quatre fois par mois.

Il ne fit pas le même honneur aux jésuites ; ils se vengèrent de son indifférence en publiant à sa mort, qu'ils l'avaient converti. On ne pouvait attaquer sa mémoire par une calomnie plus lâche & plus ridicule. Cette turpitude fut bien reconnue lorsque peu d'années après les jésuites furent proscrits sur le globe entier, qu'ils avaient trompé par tant de controverses & troublé par tant de cabales.

Ces hurlements des chiens du cimetière St. Médard & ces déclamations de quelques régents de collège, ex-jésuites, ne furent pas entendus au milieu des aplaudissements de l'Europe. Cependant, une petite société de ſavants, nourris dans la connaiſſance des affaires & des hommes, s'aſſembla longtems pour examiner avec impartialité, ce livre ſi célèbre. Elle fit imprimer, pour elle & pour quelques amis, vingt-quatre exemplaires de ſon travail, ſous le titre *d'Obſervations ſur l'Eſprit des Loix*, en trois petits volumes. J'en ai tiré des inſtructions & j'y joins mes doutes.

COM-

COMMENTAIRE
SUR QUELQUES PRINCIPALES MAXIMES *DE* L'ESPRIT DES LOIX.

I.

NE diſcutons point la foule de ces propoſitions qu'on peut attaquer & défendre longtems ſans convenir de rien. Ce ſont des ſources intariſſables de diſpute. Les deux contendants tournent ſans avancer, comme s'ils danſaient un menuet ils ſe retrouvent à la fin tout deux au même endroit dont ils étaient partis.

Je ne rechercherai point ſi Dieu a ſes loix, ou ſi ſa penſée, ſa volonté ſont ſa ſeule loi, ſi les bêtes ont leurs loix, comme dit l'auteur.

Ni s'il y avait des rapports de juſtice avant qu'il exiſtât des loix, ce qui eſt l'ancienne querelle des reaux & des nominaux.

Ni ſi un être intelligent, créé par un autre

être intelligent & ayant fait du mal à son camarade intelligent, peut être supposé devoir subir la peine du talion, par l'ordre du créateur intelligent, avant que ce créateur ait créé.

Ni si le monde intelligent n'est pas si bien gouverné que le monde non-intelligent, & pourquoi?

Ni s'il est vrai que l'homme viole les loix de Dieu *en qualité d'être intelligent*, ou si plutôt il n'est pas privé de son intelligence dans l'instant qu'il viole ces loix.

Ne nous jouons point dans les subtilités de cette métaphysique ; gardons nous d'entrer dans ce labirinte.

II.

L'anglais Hobbes prétend que l'état naturel de l'homme est un état de guerre, parce que tous les hommes ont un droit égal à tout.

Montesquieu, plus doux, veut croire que l'homme n'est qu'un animal timide qui cherche la paix. Il apporte en preuve l'histoire de ce sauvage, trouvé, il y a cinquante ans, dans les forêts de Hanovre & que le moindre bruit effraiait.

Il me semble que si on veut savoir comment

la pure nature humaine est faite, il n'y a qu'à considérer les enfans de nos rustres. Le plus poltron s'enfuit devant le plus méchant ; le plus faible est battu par le plus fort ; si un peu de son sang coule, il pleure, il crie ; les larmes, les plaintes que la douleur arrache à cette machine, font une impression soudaine sur la machine de son camarade qui le battait ; il s'arrête comme si une puissance supérieure lui saisissait la main, il s'émeut, il s'attendrit, il embrasse son ennemi, qu'il a blessé ; & le lendemain, s'il y a des noisettes à partager ils recommenceront le combat, ils sont déja hommes ; & ils en useront ainsi un jour avec leurs frères, avec leurs femmes.

Mais, laissons-là les enfans & les sauvages, n'examinons que bien rarement les nations étrangères, qui ne nous sont pas assez connues. Songeons à nous.

III.

La noblesse entre en quelque façon dans l'essence de la monarchie, dont la maxime fondamentale est, point de monarchie, point de noblesse ; point de noblesse, point de monarque. Mais on a un despote. (page 7, édit. de Leide, in-4°. de l'Esprit des Loix.)

Cette maxime fait ſouvenir de l'infortune Charles I, qui diſait, point d'évêque, point de monarque. Notre grand Henri IV, aurait pu dire à la faction des ſeize, point de nobleſſe, point de monarque. Mais qu'on me diſe ce que je dois entendre par deſpote & par monarque.

Les Grecs & enſuite les Romains entendaient par le mot grec *deſpote*, un père de famille, un maître de maiſon; *deſpotes*, *herus*, *patronus*, *deſpoina*, *hera*, *patrona*, oppoſé à Therapon ou Therapſos, famulus, ſervus. Il me ſemble qu'aucun Grec, qu'aucun Romain ne ſe ſervit du mot deſpote ou d'un dérivé de deſpote, pour ſignifier un roi. *Deſpoticus* ne fut jamais un mot latin. Les Grecs du moyen âge s'aviſèrent, vers le commencement du quinzieme ſiècle, d'appeller deſpotes des ſeigneurs très faibles, dépendants de la puiſſance des Turcs, deſpotes de Servie, de Valachie, qu'on ne regardait que comme des maîtres de maiſon. Aujourd'hui les Empereurs de Turquie, de Maroc, de Perſe, de l'Indouſtan, de la Chine, ſont appellés par nous deſpotes; & nous attachons à ce titre l'idée d'un fou féroce, qui n'écoute que ſon caprice;

d'un barbare, qui fait ranger devant lui ses courtisans prosternés, & qui pour se divertir ordonne à ses satellites d'étrangler à droite & d'empaler à gauche.

Le terme de monarque emportait originairement l'idée d'une puissance bien supérieure à celle du mot despote : il signifiait seul principe, seul dominant, seul puissant, il semblait exclure toute puissance intermédiaire.

Ainsi chez presque toutes les nations les langues se sont dénaturées. Ainsi les mots de pape, d'évêque, de prêtre, de diacre, d'église, de jubilé, de pâques, de fêtes, noble, vilain, moine, chanoine, clerc, gendarme, chevalier, & une infinité d'autres ne donnent plus les mêmes idées qu'ils donnaient autrefois ; c'est à quoi l'on ne saurait faire trop d'attention dans toutes ses lectures.

J'aurais desiré que l'auteur, ou quelque autre écrivain de sa force, nous eut appris clairement pourquoi la noblesse est l'essence du gouvernement monarchique. On serait porté à croire qu'elle est l'essence du gouvernement féodal, comme en Allemagne, & de l'aristocratie, comme à Venise.

IV.

Autant que le pouvoir du clergé eſt dangereux dans une république, autant il eſt convenable dans une monarchie, ſurtout dans celles qui vont au deſpotiſme. Où en ſerait l'Eſpagne & le Portugal depuis la perte de leurs loix, ſans ce pouvoir qui arrête ſeul la puiſſance arbitraire? barrière toujours bonne lorſqu'il n'y en a point d'autre. Car, comme le deſpotiſme cauſe à la nature humaine des maux effroyables, le mal même qui les limite eſt un bien.

On voit que dès l'abord l'auteur ne met pas une grande différence entre la monarchie & le deſpotiſme, ce ſont deux frères qui ont tant de reſſemblance qu'on les prend ſouvent l'un pour l'autre. Avouons que ce furent de tout tems deux gros chats à qui les rats eſſaièrent de pendre une ſonnette au cou. Je ne ſais ſi les prêtres ont poſé cette ſonnette, ou s'il aurait plutot fallu en attacher une aux prêtres; tout ce que je ſais c'eſt qu'avant Ferdinand & Iſabelle il n'y avait point d'inquiſition en Eſpagne. Cette habile Elizabeth, ce plus qu'habile Ferdinand firent leurs marchés avec l'Inquiſition: autant en firent leurs ſucceſſeurs pour être plus puiſſants. Philippe II, & les prêtres inquiſiteurs partagèrent toujours les dépouilles. Cette Inquiſition ſi abhorée dans l'Europe devait elle être chère à l'auteur des Lettres Perſanes ?

Il ſe fait ici une règle générale que les prêtres ſont en tout tems & en tous lieux les correcteurs des princes. Je ne conſeillerais pas à un homme qui ſe mêlerait d'inſtruire, de poſer ainſi des règles générales. A peine a-t-il établi un principe, l'hiſtoire s'ouvre devant lui & lui montre cent exemples contraires. Dit-il que les évêques ſont le ſoutien des Rois ? Vient un cardinal de Retz ; viennent des primats de Pologne & des évêques de Rome, & une foule d'autres prélats, à remonter juſqu'à Samuel, qui forment de terribles arguments contre ſa thèſe.

Dit-il que les évêques ſont les ſages précepteurs des princes ? on lui montre auſſitôt un cardinal Dubois qui n'en a été que le mercure.

Avance-t-il que les femmes ne ſont pas propres au gouvernement ? Il eſt démenti depuis Tomiris juſqu'à nos jours.

Mais continuons à nous éclairer avec l'Eſprit des Loix.

V.

Au lieu de continuer, je rencontre par hasard le Chapitre I, du Livre X, par lequel j'aurais dû commencer. C'eſt un ſingulier cours de droit public. Voyons (pag. 155.)

Entre les ſociétés le droit de la défenſe naturelle entraîne quelquefois la néceſſité d'attaquer; lorſqu'un peuple voit qu'un peuple voiſin proſpère, & qu'une plus longue paix mettrait ce peuple voiſin en état de le détruire, &c.

Si c'était Machiavel qui adreſſât ces paroles au bâtard abominable de l'abominable pape Alexandre VI, je ne ſerais point étonné. C'eſt l'Eſprit des Loix de Cartouche & de Deſrues. Mais que cette maxime ſoit d'un homme comme Monteſquieu! on n'en croit pas ſes yeux.

Je vois enſuite que pour en adoucir la cruauté, il ajoute, *que l'attaque doit être faite par ce peuple jaloux, dans le moment où c'eſt le ſeul moyen d'empêcher ſa deſtruction.*

Mais il me ſemble que c'eſt mal s'excuſer, & bien évidemment ſe contredire. Car ſi vous ne tombez ſur votre voiſin que dans le ſeul moment où il va vous détruire, c'eſt donc lui qui vous attaquait en effet. Vous vous êtes donc borné à vous défendre contre votre ennemi.

Je vois que vous vous êtes laiſſé entraîner aux grands principes du machiavelifme; *ruinez qui pourait un jour vous ruiner; aſſaſſinez votre voiſin qui pourait devenir aſſez fort pour vous tuer; empoiſonnez-le au plus vite ſi vous craignez qu'il n'emploie contre vous ſon cuiſinier.*

Quelque grand politique poura penſer que cela eſt très bon à faire; mais en vérité cela eſt très mauvais à dire. Vous vous corrigez ſur le champ en diſant, qu'il n'eſt permis d'égorger ſon voiſin que quand ce voiſin vous égorge. Ce n'eſt plus l'état de la queſtion. Vous vous ſuppoſez ici dans le cas d'une ſimple & honnête défenſive. Vous avez voulu d'abord n'écrire qu'en homme d'état, vous en avez rougi, vous avez voulu réparer la choſe en vous remettant à écrire en honnête homme, & vous vous êtes trompé dans votre calcul. Revenons à l'ordre que j'ai interrompu.

VI.

Comme la mer qui ſemble vouloir couvrir la terre eſt arrêtée par les herbes & par les moindres graviers qui ſont ſur le rivage, ainſi les monarques dont le pouvoir paraît ſans bornes, s'arrêtent par les plus petits obſtacles, & ſoumettent leur fierté naturelle à la plainte & à la prière. (pag. 18.)

Voilà donc, poëtiquement parlant, l'océan qui devient monarque ou deſpote. Ce n'eſt pas là le ſtile d'un légiſlateur. Mais aſſurément ce n'eſt ni de l'herbe, ni du gravier qui cauſe le reflux de la mer, c'eſt la loi de la gravitation, & je ne ſais d'ailleurs ſi la comparaiſon des larmes du peuple avec du gravier eſt bien juſte.

VII.

Les anglais pour favoriſer la liberté ont ôté toutes les puiſſances intermédiaires qui formaient leur monarchie. (pag. 19.)

Au contraire, les anglais ont établi le parlement, & ſur-tout la chambre des communes. On eſt étonné que l'auteur ſoit tombé dans une mépriſe ſi palpable. Je paſſe une foule d'autres aſſertions qui me ſemblent autant d'erreurs d'erreurs, & qui ont été fortement relevées par les ſages critiques, dont j'ai parlé à la fin de l'avant-propos.

VIII.

Il ne ſuffit pas qu'il y ait dans la monarchie des rangs intermédiaires, il faut encor un dépôt de loix....... l'ignorance naturelle à la nobleſſe, ſon inatention, ſon mépris pour le gouvernement civil, exigent qu'il y ait un corps qui faſſe ſans-ceſſe ſortir les loix de la pouſſière où elles ſeraient enſevélies....... dans les états deſpotiques où il n'y a point de loix fondamentales il n'y a point de dépôt de loix. (pag.)

Les ſavants, cités ci-deſſus, ont remarqué qu'il n'eſt pas ſurprenant que dans un pays ſans loix, il n'y ait pas de dépôt de loix. Mais on pourait incidenter; on pourait dire que l'auteur n'a voulu parler que des loix fondamentales. Sur quoi je demanderais, qu'entendez-vous par loix fondamentales? Sont-ce des loix primitives qu'on ne puiſſe pas changer? Mais la monarchie était fondamentale à Rome, & elle fit place à une loi contraire.

La loi du chriſtianiſme, dictée par Jéſus-

Chrift, fut ainfi énoncée : *Il n'y aura point parmi vous de premier ; fi quelqu'un veut être le premier il fera le dernier.* Or, voyez, je vous prie, comme cette loi fondamentale a été exécutée. La bulle d'or, de Charles IV, eft regardée comme une loi fondamentale en Allemagne ; on y a dérogé en plus d'un article. Puifque les hommes ont fait leurs loix, il eft clair qu'ils peuvent les abolir. Il eft a remarquer que ni Grotius, ni les auteurs du Dictionaire Encyclopédique, ni Montefquieu, n'ont traité des loix fondamentales.

A l'égard de la nobleffe à laquelle Montefquieu impute tant de frivolité, tant de mépris pour le gouvernement civil, tant d'incapacité de garder des régiftres, il pouvait fe fouvenir que la diète de Ratisbonne, la chambre des Pairs à Londres, le fénat de Venife, font compofés de la plus ancienne nobleffe de l'Europe.

IX.

La vertu n'eft point le principe du gouvernement monarchique. Dans les monarchies la politique fait faire les grandes chofes avec le moins de vertu qu'elle peut ....

l'ambition dans l'oisiveté, la bassesse dans l'orgueil, le desir de s'enrichir sans le travail, l'aversion pour la vérité, la flatterie, la trahison, la perfidie, le mépris de tous les devoirs, la crainte de la vertu du prince, l'espérance de ses faiblesses, & plus que tout cela, le ridicule perpétuel jetté sur la vertu, sont, je crois, le caractère de la plupart des courtisans, marqué dans tous les lieux & dans tous les tems. Or, il est très malaisé que les principaux d'un état soient malhonnêtes gens, & que les inférieurs soient gens de bien.... que si dans le peuple il se trouve quelque malheureux honnête homme, le cardinal de Richelieu dans son testament politique insinue qu'un monarque doit se garder de s'en servir, tant il est vrai que la vertu n'est pas le ressort du gouvernement monarchique.

C'est une chose assez singulière que ces anciens lieux communs contre les princes & leurs courtisans soient toujours reçus d'eux avec complaisance, comme de petits chiens qui jappent & qui amusent. La première scène du cinquième acte du Pastor fido, contient la plus éloquente & la plus touchante satyre qu'on ait jamais faite des cours; elle fut très accueillie par Philippe II, & par tous les princes qui virent ce chef-d'œuvre de la pastorale.

Il en eſt de ces déclamations comme de la ſatyre des femmes de Boileau ; elle n'empêchait pas qu'il n'y eût des femmes très honnêtes & très reſpectables. De même, quelque mal que l'on dit de la cour de Louis XIV, ces invectives n'empêchèrent pas que dans les tems de ſes plus grands revers, ceux qui avaient part à ſa confiance, les Beauvillers, les Torcy, les Villars, les Villeroy, les Pontchartrain, les Chamillart, ne fuſſent les hommes les plus vertueux de l'Europe. Il n'y avait que ſon confeſſeur Le Tellier qui ne fut pas reconnu généralement pour un ſi honnête homme.

Quant au reproche que Monteſquieu fait a Richelieu d'avoir dit, que *s'il ſe trouve un malheureux honnête homme*, *il faut ſe garder de s'en ſervir*, il n'eſt pas poſſible qu'un miniſtre, qui avait du moins le ſens commun, ait eu l'extravagance de donner à ſon roi un conſeil ſi abominable. Le fauſſaire qui forgea, ce ridicule teſtament du cardinal de Richelieu, a dit tout le contraire. On l'a déja obſervé plus d'une fois, & il faut le répéter, car il n'eſt pas permis de tromper ainſi l'Europe.

Voici les propres paroles du prétendu teftament, c'eft au chap. 4.

„ On peut dire hardiment que de deux per-
„ fonnes dont le mérite eft égal, celle qui eft
„ la plus aifée en fes affaires, eft préférable
„ à l'autre, étant certain qu'il faut qu'un
„ pauvre magiftrat ait l'ame d'une trempe
„ bien forte fi elle ne fe laiffe quelquefois
„ amollir par la confidération de fes intérêts.
„ Auffi l'expérience nous apprend que les
„ riches font moins fujets à concuffion que
„ que les autres, & que la pauvreté contraint
„ un pauvre officier a être fort foigneux du
„ revenu de fon fac.

Quand on veut tromper les hommes il faudrait au moins les tromper plus adroitement.

X.

Si le gouvernement monarchique manque d'un reffort, il en a un autre, l'honneur ...... la nature de l'honneur eft de demander de préférences, des diftinctions. Il eft donc par la chofe même placé dans le gouvernement monarchique. (page 27.)

Il eft clair par la chofe même que ces préférences, ces diftinctions, ces honneurs, cet honneur, étaient dans la république romaine tout autant pour le moins que dans les débris de cette république, qui forment aujourd'hui tant de royaumes. La prêture, le conſulat, les haches, les faiſceaux, le triomphe valaient bien des rubans de toutes couleurs, & des dignités de principaux domeſtiques.

X I.

Ce n'eſt point l'honneur qui eſt le principe des états deſpotiques. Les hommes y étant tous égaux & tous eſclaves, on ne peut ſe préférer à rien. (page 28.)

Il me ſemble que c'eſt dans les petits pays démocratiques que les hommes ſont égaux, ou affectent au moins de le paraître. Je voudrais bien ſavoir ſi à Conſtantinople un grand viſir, un beglier-bey, un bacha à trois queues, ne ſont pas ſupérieurs à un homme du peuple. Je ne ſais d'ailleurs quels ſont les états que l'auteur appelle monarchiques, & quels ſont les deſpotiques. J'ai bien peur qu'on ne confonde trop ſouvent les uns avec les autres.

XII.

Lorſque dans le gouvernement deſpotique le prince ceſſe un moment de lever le bras, quand il ne peut pas anéantir à l'inſtant ceux qui ont les premières places, tout eſt perdu. (page 29.)

Il a déja dit que quand les loix dans une république ceſſent d'être exécutées, tout eſt perdu.

Car le reſſort qui eſt la crainte, n'y étant plus le peuple n'a plus de protecteur. (ibid.)

Non, mais il eſt le maître; les janiſſaires ſont les maîtres, ils donnent l'empire. C'eſt ainſi qu'ils l'ont donné à Mahmoud, à Achmet trois, à Soliman trois, à Mahomet quatre, enfant de cinq ans, à Amurat quatre, à tant d'autres.

XIII.

C'eſt apparemment dans ce ſens que des cadis ont ſoutenu que le grand ſeigneur n'était pas obligé de tenir ſa parole ou ſon ſerment lorſqu'il bornait parlà ſon autorité.

Il cite Ricaut en cet endroit. Mais Ricaut dit ſeulement :

„ Il y a même de ces gens-là qui ſoutiennent „ que le grand ſeigneur peut ſe diſpenſer des „ promeſſes qu'il a faites avec ferment, quand „ pour les accomplir il faut donner des bornes „ à ſon autorité ".

Ricaut ne parle ici que d'une ſecte à morale relachée. On dit que nous en avons eu chez nous de pareilles.

Le ſultan des Turcs, & tout autre ſultan, ne peut promettre qu'à ſes ſujets ou aux puiſſances voiſines. Si ce ſont des promeſſes à ſes ſujets, il n'y a point de ſerment. Si ce ſont des traités de paix, il faut qu'il les obſerve ou qu'il faſſe la guerre. L'alcoran ne dit dans aucun endroit qu'on peut violer ſon ſerment ; & il dit en cent endroits qu'il faut le garder. Il ſe peut que pour entreprendre une guerre injuſte, comme elles le ſont preſque toutes, le grand Turc aſſemble un conſeil de conſcience ; il ſe peut que quelques docteurs muſulmans aient imité certains autres docteurs qui ont dit qu'il ne faut garder la foi ni aux infidèles, ni aux hérétiques. Mais il reſte à ſavoir ſi cette juriſprudence eſt celle des Turcs.

L'auteur de l'Eſprit des Loix donne cette

prétendue décision des cadis, comme une preuve du despotisme du sultan. Il semble que ce serait au contraire une preuve qu'il est soumis aux loix, puisqu'il serait obligé de consulter des docteurs pour se mettre au-dessus des loix. Nous sommes voisins des Turcs; nous ne les connaissons pas. Le comte de Marsigli qui a vécu si longtems au milieu d'eux, dit qu'aucun auteur n'a donné une véritable connaissance ni de leur empire, ni de leurs loix. Nous n'avons eu même aucune traduction tolérable de l'alcoran avant celle que nous a donné l'anglais Sale, en 1734. Presque tout ce qu'on a dit de leur religion & de leur jurisprudence est faux : & les conclusions que l'on en tire tous les jours contre eux sont trop peu fondées. On ne doit dans l'examen des loix citer que des loix reconnues.

XIV.

Dans les monarchies, les loix de l'éducation auront pour objet l'honneur; dans les républiques la vertu, & dans le despotisme la crainte.

J'oserais croire que l'auteur a trop raison, du moins en certains pays. J'ai vu des enfans de valets de chambre à qui on disait, monsieur le marquis, songez à plaire au roi. J'entendais dire que dans les serails de Maroc & d'Alger on criait, prends garde au grand eunuque noir; & qu'à Venise les gouvernantes disaient aux petits garçons, aime bien la république. Tout cela se modifie de mille manières. Et chacun de ces trois dictons pourait produire un gros livre.

X V.

Dans une monarchie il faut mettre une certaine noblesse dans les vertus, une certaine franchise dans les mœurs, une certaine politesse dans les manières. (pag. 33 & suivantes.)

De telles maximes nous paraîtraient convenables dans *l'art de se rendre agréable dans la conversation*, par l'abbé de Bellegarde, ou *dans les moyens de plaire*, de Montcrife, nos diseurs de rien auraient pu s'étendre merveilleusement sur ces trivialités, qui sont de tous les pays, & qui ne tiennent en rien aux loix.

XVI.

Nous recevons aujourd'hui trois éducations contraires, celle de nos parents, celle de nos maîtres, & celle du monde..... il y a un grand contraste dans les engagements de la religion & ceux du monde, chose que les anciens ne connurent pas. (page 38.)

Il est très vrai qu'entre les dogmes reçus dans l'enfance & les notions que le monde communique, il est une distance immense, une antipatie invincible. Il est aussi très vrai que les Grecs & les Romains ne purent connaître cette antipatie. On ne leur enseignait dès le berceau que des fables, des allégories, des emblèmes qui devenaient bientôt la règle & la passion de toute leur vie. Leur valeur ne pouvait mépriser le dieu Mars. L'emblème de Vénus, des Graces & des Amours, ne pouvait choquer un jeune homme amoureux. S'il brillait au sénat il ne pouvait mépriser Mercure, le dieu de l'éloquence. Il se voyait entouré de dieux qui protégeaient ses talents & ses desirs. Nous avons dans notre éducation un avantage bien supérieur. Nous apprenons à soumettre notre jugement & nos inclinations à des choſes divines que notre faibleſſe ne peut jamais comprendre.

XVII.

Licurgue mêlant le larcin avec l'eſprit de juſtice, le plus dur eſclavage avec l'extrême liberté, &c. donna de la ſtabilité à ſa ville. (page 40.)

J'oſerai dire qu'il n'y a point de larcin dans une ville où l'on n'avait nulle proprieté, pas même celle de ſa femme. Le larcin était le châtiment de ce qu'on appelle le perſonnel, l'égoïſme. On voulait qu'un enfant pût dérober ce qu'un ſpartiate s'appropriait; mais il fallait que cet enfant fût adroit; s'il prenait groſſiérement il était puni; c'eſt une éducation de Bohême. Au reſte nous n'avons point les réglements de police de Lacédémone; nous n'en avons d'idée que par quelques lambeaux de Plutarque, qui vivait longtems après Licurgue.

XVIII.

Monſieur Penn eſt un véritable Licurgue. (pag. 40.)

Je ne ſais rien de plus contraire à Licurgue qu'un legiſlateur & un peuple qui ont toute guerre en horreur. Je fais des vœux ardents pour que Londres ne force point les bons Penſilvaniens à devenir enfin auſſi méchants que nous, & que les anciens Lacedémoniens qui firent le malheur de la Grece.

X I X.

Le Paraguai nous en fournit un autre exemple. On a voulu en faire un crime à la ſociété qui regarde le plaiſir de commander comme le ſeul bien de la vie. Mais il ſera toujours beau de gouverner les hommes en les rendant heureux. (page 40.)

Sans doute rien n'eſt plus beau que de gouverner pour faire des heureux. Et c'eſt dans cette vue que l'auteur appelle l'ordre des jéſuites, *la ſociété par excellence*. Mais Mr. de Bougainville nous apprend que les jéſuites feſaient fouetter ſur les feſſes, les pères de famille dans le Paraguai. Fait-on le bonheur des hommes en les traitant en eſclaves & en enfants? Cette honteuſe pédanterie était-elle tolérante ?

Mais les jéſuites étaient encor puiſſants quand Monteſquieu écrivait.

XX.

Les Epidammiens ſentant leurs mœurs ſe corrompre par leur communication avec les Barbares, élurent un magiſtrat pour faire tous les marchés au nom de la cité & pour la cité. (page 41.)

Les Epidammiens étaient les habitans de Dirrachium, aujourd'hui Durazzo; des Scythes ou des Celtes étaient venus s'établir dans le voiſinage. Plutarque dit que tous les ans ces Epidammiens nommaient un commiſſaire entendu pour trafiquer au nom de la ville avec ces étrangers. Ce commiſſaire n'était point un magiſtrat, c'était un courtier, *poletes*, mais qu'importe? Ceux qui ont critiqué ſavamment l'Eſprit des Loix, diſent que ſi on envoyait un conſeiller du parlement faire tous les marchés de la ville de Paris, le commerce n'en irait pas mieux.

Mais quel rapport, tant de vaines queſtions ont-elles avec notre légiſlation? Il faut dans chaque genre d'étude s'en tenir à ſon ſujet. L'Eſprit des Loix eſt dans l'empereur Juſtinien, & dans les ordonnances de Louis XIV.

Avouons avec Madame Du *** que ſouvent tout le reſte eſt de l'Eſprit ſur les loix.

X X I.

Chapitre VIII. Explication d'un paradoxe des anciens par rapport aux mœurs. Il s'agit de muſique & de l'amour. (page 52 & ſuivantes.)

L'auteur ſe fonde ſur un paſſage de Polibe, mais ſans le citer. Il dit ; *que la muſique était néceſſaire aux Arcades, qui habitaient un pays où l'air eſt triſte & froid*, & il finit par dire que ſelon Plutarque les Thébains *établirent l'amour des garçons pour adoucir leurs mœurs*. Ce dernier trait ſerait un plaiſant Eſprit des loix. Examinons au moins la muſique. Ce ſujet eſt intéreſſant dans le tems où nous ſommes.

Il ſemble aſſez prouvé que les Grecs entendirent d'abord par ce mot *muſique*, tous les beaux arts. La preuve en eſt que plus d'une muſe préſidait à un art qui n'a aucun rapport avec la muſique proprement dite, comme Clio à l'hiſtoire, Uranie à la connaiſſance du ciel, Polimnie à la geſticulation. Elles étaient filles de *mémoire* pour marquer qu'en effet le don de la mémoire eſt le principe de tout, &

que sans elle l'homme serait au-dessous des bêtes.

Ces notions paraissent avoir été transmises aux Grecs par les Egyptiens. On le voit par le mercure Trismegiste, traduit de l'Egyptien en Grec, seul livre qui nous reste de ces immenses bibliothèques de l'Egypte. Il y est parlé à tout moment de l'harmonie de la musique avec laquelle Dieu arrangea les sphères de l'univers. Toute espèce d'arrangement & d'ordre fut donc réputée musique en Grèce; & à la fin ce mot ne fut plus consacré qu'à la théorie & à la pratique des sons de la voix & des instruments. Les loix, les actes publics étaient annoncés au peuple en musique. On sait que la déclaration de guerre contre Philippe, père d'Alexandre, fut chantée dans la grande place d'Athènes. On sait que Philippe apres sa victoire de Chéronée insulta aux vaincus en chantant le décret d'Athènes fait contre lui, & en battant la mesure.

C'était donc d'abord cette musique prise dans le sens le plus étendu, cette musique qui signifie la culture des beaux arts, laquelle polit les mœurs des Grecs, & surtout celles des Arcades. (*Soli cantare periti Arcades.*) Mais

Mais encore une fois, qu'importe? Quel rapport l'Arcadie peut-elle avoir avec nos loix? A quoi perd-on ſon tems?

Je vois encor moins comment l'amour des garçons peut entrer dans le code de Monteſquieu. Nous rougiſſons, dit-il, (page 45) de lire dans Plutarque que les Thébains pour adoucir les mœurs de leurs jeunes gens, établirent par les loix un amour qui devrait être proſcrit par toutes les nations du monde.

Pourquoi un philoſophe tel que Monteſquieu accuſe-t-il un philoſophe tel que Plutarque, d'avoir fait l'éloge de cette infamie? Plutarque dans la vie de Pélopidas s'exprime ainſi:
„ on prétend que Gorgidas fut le premier qui
„ leva le bataillon ſacré, & qui le compoſa
„ de trois cent hommes choiſis, entretenus
„ aux frais de la ville, liés enſemble par les
„ ſerments de l'amitié...... comme Jolas fut
„ attaché à Hercule. Ce bataillon fut proba-
„ blement appellé ſacré comme Platon appelle
„ ſacré un ami conduit par un Dieu.... on
„ dit que cette troupe ſe maintint invincible
„ juſqu'à la bataille de Chéronée. Philippe
„ viſitant les morts, & voyant ces trois cent
„ guerriers étendus les uns auprès des autres,

„ & couverts de nobles blessures par-devant,
„ leur donna des larmes, & s'écria, périssent
„ tous ceux qui pouraient soupçonner que
„ de si braves gens aient pu jamais souffrir
„ ou commettre des choses honteuses. "

Plutarque avoue qu'ils furent calomniés ; mais il justifie leur mémoire. De bonne foi, était-ce là un régiment de sodomistes ? Montesquieu devait-il apporter contre eux le témoignage de Plutarque ? Il ne lui arrive que trop souvent de falsifier ainsi les textes dont il fait usage.

XXII.

Pour aimer la frugalité il faut en jouir. Ce ne seront point ceux qui seront corrompus par les délices qui aimeront la vie frugale. Et si cela avait été naturel & ordinaire, Alcibiade n'aurait pas fait l'admiration de l'univers. (pag. 48 & 49.)

Je ne prétends point faire des critiques grammaticales à un homme de génie ; mais j'aurais souhaité qu'un écrivain si spirituel & si mâle, se fût servi d'une autre expression que celle de jouir de la frugalité. J'aurais desiré bien d'avantage qu'il n'eût point dit qu'Alcibiade fut admiré de *l'univers* pour s'être conformé dans Lacédémone à la ſobriété des Spartiates. Il ne faut point à mon avis prodiguer ainſi les applaudiſſements de l'univers. Alcibiade était un ſimple citoyen, riche, ambitieux, vain, débauché, inſolent, d'un caractère verſatile. Je ne vois rien d'admirable à faire quelque tems mauvaiſe chère avec les Lacédémoniens, lorſqu'il eſt condamné dans Athènes par un peuple plus vain, plus inſolent & plus léger que lui, ſottement ſuperſtitieux, jaloux, inconſtant, paſſant chaque jour de la témérité à la conſternation, digne enfin de l'opprobre dans lequel il croupit lâchement depuis tant de ſiècles ſur les débris de la gloire de quelques grands hommes & de quelques artiſtes induſtrieux. Je vois dans Alcibiade un brave étourdi qui ne mérite certainement pas l'admiration de l'*univers*, pour avoir corrompu la femme d'Agis, ſon hôte & ſon protecteur; pour s'être fait chaſſer de Sparte; pour s'être réduit à mandier un nouvel azile chez un ſatrape de Perſe, & pour y périr entre les bras d'une courtiſane. Plutarque & Monteſquieu ne m'en impoſent point; j'admire trop les Scipions pour admirer Alcibiade.

Je passe une douzaine de pages sur la monarchie, le despotisme & la république, parce que je ne veux me brouiller ni avec le grand Turc, ni avec le grand Mogol, ni avec la milice d'Alger. Je ferai seulement deux légères remarques historiques sur les deux chapitres que voici.

XXIII.

Chapitre XII. Qu'on n'aille pas chercher la magnanimité dans les états despotiques. Le prince n'y donnerait point une grandeur qu'il n'a pas lui-même. Chez lui il n'y a pas de gloire. (page 65.)

Ce chapitre est court ; en est-il plus vrai ? On ne peut, ce me semble, refuser la magnanimité à un guerrier juste, généreux, clément, libéral. Je vois trois grands visirs, *Kiuperli* ou *Kuprogli*, qui ont eu ces qualités. Si celui qui prit Candie assiégée pendant dix années, n'a pas encor la célébrité des héros du siège de Troye, il avait plus de vertu ; & sera plus estimé des vrais connaisseurs, qu'un Diomède & qu'un Ulisse. Le grand visir *Ibrahim* qui dans la dernière révolution s'est sacrifié pour conserver l'empire à son maître *Achmet III*, & qui a attendu à genoux la mort pendant ſix heures, avait certes de la magnanimité.

XXIV.

Chapitre XIII. Quand les ſauvages de la Louïſiane veulent avoir du fruit, ils coupent l'arbre au pied. Voilà le deſpotiſme. (page 65.)

Ce chapitre eſt un peu plus court encore; c'eſt un ancien proverbe eſpagnol.

Le ſage roi Alphonſe VI, diſait, *élague ſans abattre*. Cela eſt plus court encore. C'eſt ce que Savédra répète dans ſes méditations politiques. C'eſt ce que Don Uſtaris, véritable homme d'état, ne ceſſe de recommander dans ſa théorie pratique du commerce. *Le laboureur quand il a beſoin de bois, coupe une branche & non pas le pied de l'arbre.* Mais ces maximes ne ſont employées que pour donner plus de force aux ſages repréſentations que fait Uſtaris au roi ſon maître.

Il eſt vrai que dans les lettres intitulées édifiantes, & même curieuſes, recueil onzieme, page 315, un jéſuite nommé Mareſt parle ainſi des naturels de la Louïſiane. *Nos ſauvages ne ſont pas accoutumés à cueillir le fruit aux arbres. Ils croient faire mieux d'a-*

battre l'arbre même. Ce qui est cause qu'il n'y a presque aucun arbre fruitier aux environs du village.

Ou le jésuite qui raconte cette imbécilité est bien crédule, ou la nature humaine des Missisipiens n'est pas faite comme la nature humaine du reste du monde. Il n'y a sauvage si sauvage qui ne s'aperçoive qu'un pommier coupé ne porte plus de pommes. De plus, il n'y a point de sauvage auquel il ne soit plus aisé & plus commode de cueillir un fruit que d'abattre l'arbre. Mais le jésuite Marest a cru dire un bon mot.

XXV.

En Turquie lorsqu'un homme meurt sans enfants mâles, le grand Seigneur a la propriété, les filles n'ont que l'usufruit. (page 60.)

Cela n'est pas ainsi, le grand Seigneur a droit de prendre tout le mobilier des mâles morts à son service; comme les évêques chez nous prenaient le mobilier des curés, les papes le mobilier des évêques; mais le grand turc partage toujours avec la famille, ce que les papes ne fesaient pas toujours. Les filles ont la moitié de tous les biens échus au mâle. Voyez le Sura ou chapitre 4 de l'alcoran.

XXVI.

Par la loi de Bantam le roi prend toute la succession, même la femme & les enfans.

Pourquoi ce bon roi de Bantam attend-il la mort du chef de famille? Si tout lui appartient que ne prend-il le père avec la mère.

Est-il possible qu'un homme sérieux daigne nous parler si souvent des loix de Bantam, de Macassar, de Borneo, d'Achem? qu'il répete tant de contes de voyageurs, ou plutôt d'hommes errants, qui ont débité tant de fables, qui ont pris tant d'abus pour des loix, qui sans sortir du comptoir d'un marchand Hollandais, ont pénétré dans les palais de tant de princes de l'Asie.

XXVII.

C'est un usage reçu dans les païs despotiques, que l'on n'aborde qui que ce soit au dessus de soi sans lui faire un présent, pas même les rois. L'Empereur du Mogol ne reçoit point les requêtes de ses sujets qu'il n'en ait reçu quelque chose. Ces princes vont jusqu'à corrompre leurs propres graces. (page 74.)

Je crois que cette coutume était établie chez les Régules Lombards, Ostrogots, Visigots, Bourguignons, Francs. Mais comment fesaient les pauvres qui demandaient justice? Les rois de Pologne ont continué jusqu'à nos jours à recevoir des présents certains jours de l'année. Joinville convient que St. Louis en recevait tout comme un autre. Il lui dit un jour avec sa naïveté ordinaire, au sortir d'une longue audience particuliere que le roi avait accordée à l'abbé de Cluny, *n'est-il pas vrai, sire, que les deux beaux chevaux que ce moine vous a donné, ont un peu prolongé la conversation?*

XXVIII.

La vénalité des charges est bonne dans un état monarchique, parce qu'elle fait faire comme un métier de famille ce qu'on ne voudrait pas entreprendre pour la vertu. (page 79.)

La fonction divine de rendre justice, de disposer de la fortune & de la vie des hommes, un métier de famille! De quelles raisons l'ingénieux auteur ſoutient-il une thèſe ſi indigne de lui ? Voici comme il s'explique. *Platon ne peut ſouffrir cette vénalité ; c'eſt*, dit-il, *comme ſi dans un navire on feſait quelqu'un pilote pour ſon argent. Mais Platon parle d'une république fondée ſur la vertu, & nous parlons d'une monarchie.* (page 79.)

Une monarchie ſelon Monteſquieu, n'eſt donc fondée que ſur des vices ? Mais pourquoi la France eſt-elle la ſeule monarchie de l'univers qui ſoit ſouillée de cet opprobre de la vénalité paſſée en loi de l'état ? Pourquoi cet étrange abus ne fut-il introduit qu'au bout de onze cent années ? On ſait aſſez que ce monſtre nâquit d'un roi alors indigent & prodigue, & de la vanité de quelques citoyens, dont les pères avaient amaſſé de l'argent. On a toujours attaqué cet abus par des cris impuiſſants, parce qu'il eut fallu rembourſer les offices qu'on avait vendus. Il eut mieux valu mille fois, dit un ſage juriſconſulte, vendre les tréſors de tous les couvents, & l'argenterie de toutes les égliſes, que de vendre la juſtice. Lorſque François I. prit la grille d'argent de St. Martin, il ne fit tort à perſonne ; St. Martin ne ſe plaignit point ;

il ſe paſſa très-bien de ſa grille. Mais vendre publiquement la place de juge, & faire jurer à ce juge qu'il ne l'a point achetée, c'eſt une ſotiſe ſacrilége qui a été l'une de nos modes.

XXIX.

On eſt étonné de la punition de cet Aréopagite, lequel avait tué un moineau pourſuivi par un épervier, & réfugié dans ſon ſein.

On eſt ſurpris que l'Aréopage ait fait mourir un enfant qui avait crevé les yeux à ſon oiſeau. Qu'on faſſe réflexion qu'il ne s'agit point là d'une condamnation pour crime ; mais d'un jugement de mœurs dans une république fondée ſur les mœurs. (pag. 79.)

Non, je ne ſuis point ſurpris de ces deux jugements atroces, car je n'en crois rien ; & un homme comme Monteſquieu devait n'en rien croire. Quoi qu'on reproche aux Athéniens beaucoup d'inconſéquences, de légèretés cruelles, de très-mauvaiſes actions, & une plus mauvaiſe conduite, je ne penſe point qu'ils aient eu l'abſurdité auſſi ridicule que barbare de tuer des hommes & des enfans pour des moineaux. C'eſt un jugement de mœurs, dit Monteſquieu. Quelles mœurs ? quoi donc ! n'y a-t-il pas une dureté de mœurs plus horrible à tuer votre compatriote qu'à tordre le cou à un moineau ou à lui crever l'œil ?

Vous me parlez ſans ceſſe de monarchie fondée ſur l'honneur, & de république fondée ſur la vertu. Je vous dis hardiment qu'il y a dans tous les gouvernements de la vertu & de l'honneur.

Je vous dis que la vertu n'a eu nulle part à l'établiſſement ni d'Athènes, ni de Rome, ni de St. Marin, ni de Raguſe, ni de Genève. On ſe met en république quand on le peut. Alors l'ambition, la vanité, l'intérêt de chaque citoyen, veille ſur l'intérêt, la vanité, l'ambition de ſon voiſin. Chacun obéit volontiers aux loix pour leſquelles il a donné ſon ſuffrage. On aime l'état dont on eſt ſeigneur pour un cent millieme, ſi la république a cent mille bourgeois. Il n'y a là aucune vertu. Quand Genève ſecoua le joug de ſon comte & de ſon évèque, la vertu ne ſe mèla point de cette avanture. Si Raguſe eſt libre, qu'elle n'en rende point grace à la vertu, mais à vingt-cinq mille écus d'or qu'elle paie tous les ans à la porte Ottomane. Que Saint Marin remercie le pape de ſa ſituation, de ſa petiteſſe, de ſa pauvreté. S'il eſt vrai que Lucrèce, choſe fort douteuſe, ait fait chaſſer les rois de Rome pour s'être tuée après s'être laiſſée violer, il y a de la vertu dans ſa mort, c'eſt-à-dire du courage & de l'honneur, quoiqu'il y eut un peu de faibleſſe à laiſſer faire le jeune Tarquin. Mais je ne vois pas que les Romains fuſſent plus vertueux en chaſſant Tarquin le ſuperbe, que les Anglais ne l'ont été en renvoiant Jacques II. Je ne conçois pas même qu'un Griſon, ou un bourgeois de Zug, doive avoir plus de vertu qu'un homme domicilié à Paris ou à Madrid.

Quant à la ville d'Athènes, j'ignore ſi Cécrops fut ſon roi dans le temps qu'elle n'exiſtait pas. J'ignore ſi Théſée le fut avant ou après qu'il eut fait le voyage de l'enfer. Je croirai, ſi l'on veut, que les Athéniens eurent la généroſité d'abolir la royauté dès que Codrus ſe fut dévoué pour eux. Je demande ſeulement ſi ce roi Codrus qui ſe ſacrifie pour ſon peuple, n'avait pas quelque vertu. En vérité toutes ces queſtions ſubtiles ſont trop délicates pour avoir quelque ſolidité. Il faut le redire; c'eſt de l'eſprit ſur les loix.

XXX.

Dans les monarchies il ne faut point de cenſeurs: Elles ſont fondées ſur l'honneur ; & la nature de l'honneur eſt d'avoir pour cenſeur tout l'univers. (page 79.)

Que ſignifie cette maxime? Tout homme n'a-t-il pas pour cenſeur l'univers, en cas qu'il en ſoit connu? Les Grecs mêmes du temps de leurs Sophocles, juſqu'à celui de leurs Ariſtotes, crurent que l'univers avait les yeux ſur eux. Toujours de l'eſprit; mais ce n'eſt pas ici ſur les loix.

XXXI.

En Turquie on termine promptement toutes les diſputes. La manière dont on les finit eſt indifférente, pourvu qu'on finiſſe. Le bacha d'abord éclairci fait diſtribuer à ſa fantaiſie des coups de bâton aux plaideurs, & les renvoie chez eux. (page 84.)

Cette plaiſanterie ſerait bonne à la comédie italienne. Je ne ſais ſi elle eſt convenable dans un livre de légiſlation ; il ne faudrait y chercher que la vérité. Il eſt faux que dans Conſtantinople un bacha ſe mêle de rendre la juſtice. C'eſt comme ſi on diſait qu'un brigadier, un maréchal de camp fait l'office de lieutenant civil, & de lieutenant criminel. Les cadis ſont les premiers juges ; ils ſont ſubordonnés aux cadis-leſquiers, & les cadis-leſquiers au vizir Azem, qui juge lui-même avec les vizirs du banc. L'empereur eſt ſouvent préſent à l'audience, caché derriere une jalouſie ; & le viſir Azem dans les cauſes importantes, lui demande ſa déciſion par un ſimple billet, ſur lequel l'empereur décide en deux mots. Le procès s'inſtruit ſans le moindre bruit, avec la plus grande promptitude. Point d'avocats, encor moins de procureurs, & de papier timbré. Chacun plaide ſa cauſe ſans oſer élever ſa voix. Nul procès ne peut durer plus de dix-ſept jours. Il reſte à ſavoir ſi notre chicane, nos plaidoiries ſi longues, ſi répétées, ſi faſtidieuſes, ſi inſolentes ; ces immenſes monceaux de papiers fournis par ces harpies de procureurs, ces taxes ruineuſes impoſées ſur toutes les pièces qu'il faut timbrer & produire, tant de loix contradictoires, tant de labyrinthes qui éterniſent chez nous les procès ; ſi dis-je, cet effroyable cahos vaut mieux que la juriſprudence des Turcs, fondée ſur le ſens commun, l'équité & la promptitude ; c'était à corriger nos loix que Montesquieu devait consacrer son ouvrage, & non à railler l'empereur d'orient, le grand visir & le divan.

XXXII.

Lorsque Louis XIII voulut être juge dans le procès du duc de la Valette, le président de Bellievre dit, que c'était chose étrange qu'un prince opinât au procès d'un de ses sujets, &c.

L'auteur ajoute, qu'alors le roi serait juge & partie, qu'il perdrait le plus bel attribut de sa souveraineté, celui de faire grace, &c. (page 88 & 89.)

Voilà jusqu'ici le seul endroit où l'auteur parle de nos loix dans son esprit des loix ; & malheureusement quoi qu'il eût été président à Bordeaux, il se trompe. C'était originairement un droit de la pairie, qu'un pair accusé criminellement fut jugé par le roi son principal pair. François II avait opiné dans le procès contre le prince de Condé, oncle de Henri IV. Charles VII avait donné sa voix dans le procès du duc d'Alençon, & le Parlement même l'avait assuré que c'était son devoir d'être à la tête des juges. Aujourd'hui la présence du roi au jugement d'un pair pour le condamner, paraîtrait un acte de tyrannie. Ainsi tout change. Quant au droit de faire grace, dont l'auteur dit que le prince se priverait s'il était juge, il est clair que rien ne l'empêcherait de condamner & de pardonner.

Je suis obligé de m'abstenir de plusieurs autres questions, sur lesquelles j'aurais des éclaircissements à demander. Il faut être court, & il y a trop de livres. Mais je m'arrête un instant sur l'anecdote suivante.

XXXIII.

Soixante & dix personnes conspirèrent contre l'empereur Bazile. Il les fit fustiger, on leur brûla les cheveux & le poil. Un cerf l'ayant pris par sa ceinture, quelqu'un de sa suite tira son épée, coupa la ceinture & le délivra. Il lui fit trancher la tête. Qui pourait penser que le même prince eut rendu ces deux jugements? (page 102.)

L'Esprit des loix est plein de ces contes qui n'ont assurément aucun rapport à nos loix. Il est vrai que dans la misérable histoire Bizantine, monument de la décadence de l'esprit humain, de la superstition la plus sotte, & des crimes de toute espèce, on trouve ce récit tome 3, page 576, traduction de Cousin.

C'est

C'eſt au préſident Couſin & au préſident Monteſquieu à chercher la raiſon pour laquelle l'extravagant tyran Baſile n'oſa pas punir de mort les complices d'une conjuration contre lui; & la raiſon ou la démence qui le força d'aſſaſſiner celui qui lui avait ſauvé la vie. Mais s'il fallait rechercher pourquoi tant de plats tyrans ont commis tant d'extravagances & tant de barbaries, la vie ne ſuffirait pas; & quel fruit en pourait-il revenir? qu'a de commun l'inépte cruauté de Baſile avec l'eſprit de nos loix?

XXXIV.

C'eſt un grand reſſort des gouvernements modérés que les lettres de grace. Ce pouvoir que le prince a de pardonner, *exécuté* (*) avec ſageſſe, peut avoir d'admirables effets. Le principe du deſpotiſme, qui ne pardonne pas & à qui on ne pardonne jamais, le prive de ces avantages. (page 103.)

Une telle déciſion, & celles qui ſont dans ce goût, rendent à mon avis l'Eſprit des Loix bien précieux. Voilà ce que n'ont ni Grotius, ni Puffendorf, ni toutes les compilations ſur

(*) Il veut dire *employé*, on n'exécute point un pouvoir.

le droit des gens. On ſait bien que *deſpotiſme* eſt employé pour *tyrannie.* Car enfin un deſpote ne peut-il pas donner des lettres de grace tout auſſi bien qu'un monarque? Où eſt la ligne qui ſépare le gouvernement monarchique & le deſpotique?

La monarchie commençait à être un pouvoir très-mitigé, très-reſtraint en Angleterre, quand on força le malheureux Charles Ier. à ne point accorder la grace de ſon favori le comte Staford. Henri IV en France, roi à peine affermi, pouvait donner des lettres de grace au maréchal de Biron; & peut être cet acte de clémence qui a manqué à ce grand homme, eut adouci enfin l'eſprit de la ligue, & arrêté la main de Ravaillac.

Le faible & cruel Louis XIII devait faire grace à de Thou & à Marillac.

On ne devrait pas parler des loix & des mœurs Indiennes & Japonoiſes, quand on a tant à dire ſur les nôtres qu'on doit connaître.

XXXV.

Nos miſſionnaires nous parlent du vaſte empire de la Chine, qui mêle enſemble dans ſon principe l'hon-

teur & la vertu. J'ignore ce que c'eſt que cet honneur dont on parle chez des peuples à qui on ne fait rien faire qu'à coups de bâton. Il s'en faut beaucoup que nos commerçans nous donnent l'idée de cette vertu dont parlent nos miſſionnaires. (page 142.)

Encor une fois, j'aurais ſouhaité que l'auteur eût plus parlé des vertus qui nous regardent, & qu'il n'eut point été chercher des incertitudes à ſix mille lieues. Nous ne pouvons connaître la Chine que par les pieces autentiques, fournies ſur les lieux, raſſemblées par Duhalde, & qui ne ſont point contredites.

Les écrits moraux de Confucius, publiés ſix cent ans avant notre ere, lorſque preſque toute notre Europe vivait de gland dans ſes forêts; les ordonnances de tant d'empereurs, qui ſont des exhortations à la vertu; des pièces de théatre même qui l'enſeignent, & dont les héros ſe dévouent à la mort pour ſauver la vie à un orphelin; tant de chefs-d'œuvre de morale traduits en notre langue; tout cela n'a point été fait à coups de bâton. L'auteur s'imagine ou veut faire croire, qu'il n'y a dans la Chine qu'un deſpote, & cent cinquante millions d'eſclaves, qu'on gouverne comme des animaux de basse cour. Il oublie ce grand nombre de tribunaux subordonnés les uns aux autres ; il oublie que quand l'empereur Cam-hi voulut faire obtenir aux jésuites la permission d'enseigner leur christianisme, il dressa lui-même leur requête à un tribunal.

Je crois bien qu'il y a dans ce pays si singulier des préjugés ridicules, des jalousies de courtisans, des jalousies de corps, des jalousies de marchands, des jalousies d'auteurs, des cabales, des friponneries, des méchancetés de toute espèce, comme ailleurs ; mais nous ne pouvons en connaître les détails. Il est à croire que les loix des Chinois sont assez bonnes, puisqu'elles ont été toujours adoptées par leurs vainqueurs, & qu'elles ont duré si longtems. Si Montesquieu veut nous persuader que les monarchies de l'Europe établies par des Gots, des Gépides & des Alains, sont fondées sur l'honneur, pourquoi veut-il ôter l'honneur à la Chine ?

XXXVI.

Dans des villes grecques, l'amour n'avait qu'une forme que l'on n'ose dire. Et en note il cite Plutarque auquel il fait dire, *quant au vrai amour, les femmes n'y ont aucune part.* Plutarque parlait comme son siècle. (page 116.)

Il passe de la Chine à la Grece, pour les calomnier l'une & l'autre. Plutarque qu'il cite, dit tout le contraire de ce qu'il lui fait dire. Plutarque, dans son traité sur l'amour, fait parler plusieurs interlocuteurs. Protogène déclame contre les femmes, mais Daphnéus fait leur éloge. Plutarque à la fin du dialogue décide pour Daphnéus; il met l'amour céleste & l'amour conjugal au premier rang des vertus. Il cite l'histoire de Camma, & celle d'Eponine, femme de Sabinus, comme des exemples de la vertu la plus courageuse.

Toutes ces méprises de l'auteur de l'Esprit des Loix font regreter qu'un livre, qui pouvait être si utile, n'ait pas été composé avec assez d'exactitude, & pour sacrifier presque toujours la vérité à ce qu'on appelle bel esprit.

XXXVII.

La Hollande est formée par environ cinquante républiques toutes différentes les unes des autres. (page 146.)

C'est là une grande méprise. Et pour comble il cite Janiçon qui n'en dit pas un mot, & qui était trop attentif pour laisser échaper une telle bévue. Je crois voir ce qui a pu faire tomber l'ingénieux Montesquieu dans cette erreur; c'est qu'il y a cinquante six villes dans les sept Provinces-unies; & comme chaque ville a droit de voter dans sa province, pour former le suffrage aux états généraux, il aura pris chaque ville pour une république.

XXXVIII.

J'ai ouï plusieurs fois déplorer l'aveuglement du conseil de François I, qui rebuta Christophe Colomb qui lui proposait les Indes. En vérité, il fit peut-être par imprudence une chose bien sage. (tome second, page 55.)

Je tombe par hazard sur cette autre méprise, plus étonnante encore que les autres. Lorsque Colombo fit ses propositions, François I. n'était pas né. Colombo ne prétendait point aller dans l'inde, mais trouver des terres sur le chemin de l'inde, d'occident en orient. Montesquieu d'ailleurs, se joint ici à la foule des censeurs, qui comparèrent les rois d'Espagne possesseurs des mines du Méxique & du Pérou, à Midas périssant de faim au milieu de son or. Mais je ne sais si Philippe II fut si à plaindre d'avoir de quoi acheter l'Europe, grace à ce voyage de Colombo.

XXXIX.

Un état qui en a conquis un autre, ou continue à le gouverner selon ses loix, ou il lui en donne de nouvelles, ou il détruit la société & la disperse dans d'autres, ou enfin, il extermine tous les citoyens. La première manière est conforme au droit des gens d'aujourd'hui, la quatrième manière est plus conforme au droit des gens des Romains. Nous sommes devenus meilleurs, il faut rendre ici hommage à nos tems modernes, &c. (page 155.)

Hélas! de quels tems modernes parlez-vous? Le seizieme siècle en est-il? Songez vous aux douze millions d'hommes sans défense égorgés en Amérique? Est-ce le siècle présent que vous louez? Comptez vous parmi les uſages modérés de la victoire les ordres ſignés Louvois, d'embraſer le Palatinat & de noyer la Hollande?

Pour les Romains, quoiqu'ils aient été quelquefois cruels, ils ont été plus ſouvent généreux. Je ne connais guères que deux peuples conſidérables qu'ils aient exterminés, les Veïens & les Carthaginois. Leur grande maxime était de s'incorporer les autres nations, au lieu de les détruire. Ils fondèrent partout des colonies, établirent partout les arts & les loix; ils civilisèrent les barbares, & donnant enfin le titre de citoyen romain aux peuples ſubjugués, ils firent de l'univers connu un peuple de Romains. Voyez comment le ſénat traita les ſujets du grand roi Perſée, vaincus & fait priſonniers par Paul Emile; il leur rendit leurs terres, & leur remit la moitié des impôts.

Il y eut ſans doute parmi les ſénateurs qui gouvernèrent les provinces, des brigands qui les rançonnèrent. Mais ſi l'on vit des Verrès, on vit auſſi des Cicérons, & le ſénat de Rome mérita longtems ce que dit Virgile:

Tu regere imperio populos Romane memento.

Les Juifs mêmes, les Juifs, malgré l'horreur & le mépris qu'on avait pour eux, jouïrent dans Rome de très grands privilèges, & y eurent des Synagogues ſecrettes avant & après la ruine de leur Jéruſalem.

X L.

Le conquérant qui réduit le peuple en ſervitude, doit toujours ſe réſerver des moyens pour l'en faire ſortir. Je ne dis point ici des choſes vagues. *Nos pères* qui conquirent l'empire romain, en uſerent ainſi. (page 151.)

Je crois qu'on peut me permettre ici une réflexion. Plus d'un écrivain qui ſe fait hiſtorien en compilant au hazard (je ne parle pas d'un homme comme Monteſquieu,) plus d'un prétendu hiſtorien, dis-je, après avoir appellé ſa nation la première nation du monde, Paris la première ville du monde, le fauteuil à bras où s'aſſied ſon roi, le premier trône du monde, ne fait point de difficulté de dire *nous*, *nos aïeux*, *nos pères*, quand il parle des Francs qui vinrent des marais delà le Rhin & la Meuſe, piller les Gaules & s'en emparer. L'abbé Veli dit *nous*. Eh mon ami! eſt-il bien ſûr que tu deſcende d'un franc?

Pourquoi ne ſerais-tu pas d'une pauvre famille Gauloiſe ?

X L I.

Je ne dis point ici des choſes vagues. Les loix que nos pères firent dans le feu, dans l'action, dans l'impétuoſité, dans l'orgueil de la victoire, ils les adoucirent. Leurs loix étaient dures, ils les rendirent impartiales. Les Bourguignons, les Goths & les Lombards, voulaient toujours que les Romains fuſſent le peuple vaincu. Les loix d'Euric, de Gondebaut, de Rotharis firent des barbares, & des Romains des concitoyens. (page 156.)

Euric, ou plutôt Evaric, était un Goth que les vieilles chroniques peignent comme un monſtre. Gondebaut fut un Bourguignon barbare, battu par un Franc barbare. Lotharis le Lombard, autre ſcélerat de ces tems là, était un bon Arien, qui régnant en Italie, où l'on ſavait encor écrire, fit mettre par écrit quelques-unes de ſes volontés deſpotiques. Voilà d'étranges légiſlateurs à citer. Et Monteſquieu appelle ces gens-là nos pères.

X L I I.

Les Français ont été chaſſés neuf fois de l'Italie,

disent les historiens, à cause de leur insolence à l'égard des femmes & des filles, &c. (page 163.)

Cela a été dit, mais cela est-il bien vrai? S'agissait-il de femmes & de filles dans la guerre de 1741, quand les Français & les Espagnols furent obligés de se retirer? Ce n'était pas assurément pour des femmes & pour des filles que François I. fut prisonnier à la bataille de Pavie. Louis XII ne perdit point Naples & le Milanès pour des femmes & pour des filles.

On prétendit au treizieme siècle, que Charles d'Anjou perdit la Sicile, parce qu'un Provençal avait levé la jupe d'une dame le jour de Pâques, quoique l'assassinat de Conradin & du duc d'Autriche en fut la véritable cause. Et de là on a conclu que la galanterie des Français les a empêchés d'être maîtres de l'Italie. Voilà comme certains préjugés populaires s'établissent.

XLIII.

Si on veut lire l'admirable ouvrage de Tacite sur les mœurs des Germains, on verra que c'est d'eux que les Anglais ont tiré l'idée de leur gouvernement politique. Ce beau systême a été trouvé dans les bois. (page 184.)

Eſt-il poſſible qu'en effet la chambre des pairs, celle des communes, la cour d'équité, la cour de l'amirauté, viennent de la forêt noire? J'aimerais autant dire que les ſermons de Tillotſon & de Smaldrige, furent autrefois compoſés par les ſorcieres Tudeſques, qui jugeaient des ſuccès de la guerre par la manière dont coulait le ſang des priſonniers qu'elles immolaient. Les manufactures de draps d'Angleterre n'ont-elles pas été trouvées auſſi dans les bois, où les Germains aimaient mieux vivre de rapine que de travailler? comme le dit Tacite.

Pourquoi n'avoir pas trouvé plutôt la diète de Ratisbonne que le parlement d'Angleterre, dans les forêts d'Allemagne? Ratisbonne doit avoir profité plutôt que Londres, d'un ſiſtème trouvé en Germanie.

XLIV.

L'établiſſement d'un viſir eſt dans l'état deſpotique une loi fondamentale. Le prince eſt naturellement ignorant, pareſſeux, il abandonne les affaires. S'il les confiait à pluſieurs, il y aurait des diſputes entr'eux, on ferait des brigues pour être le premier eſclave; le prince ſerait obligé de rentrer dans l'adminiſtration. Il eſt donc plus ſimple qu'il l'abandonne à un visir qui aura la même puissance que lui.

Cette décision se trouve à la page 27, mais nous ne nous en sommes aperçus que trop tard. Elle a déja été réfutée par les savants que nous avons cités. „ Elle n'est pas plus „ juste, disent-ils, que si on suposoit la place „ des maires du palais une loi fondamentale „ de France. Les abus de l'usurpation doi- „ vent-ils être appellés des loix fondamen- „ tales ? Le visiriat de la Turquie doit-il être „ regardé comme une règle générale, uniforme „ & fondamentale de tous les états du vaste „ continent de l'Asie ?

„ Si l'établissement d'un visir était dans ces „ païs une loi fondamentale, il y aurait dans „ tous un visir, & nous voyons le contrai- „ re. Si c'était une loi fondamentale de ceux „ où il y en a, l'établissement de cet officier „ devrait avoir été fait lors de l'établissement „ de la monarchie & de la despotie.

„ La loi fondamentale d'un état, est une „ partie intégrante de cet état, & sans laquelle „ il ne peut exister. L'empire des Califes a „ pris naissance en 622. Le premier grand

„ visir a été Abou-Moslemah, sous le calife „ Abou-Abbas Saffah, dont le règne n'a com„ mencé qu'en 131 de l'hégire.

„ Donc, l'établissement d'un grand visir „ dans les états que l'auteur appelle despoti„ ques, n'est pas, comme il le prétend, une „ loi fondamentale de l'état. "

X L V.

Les Grecs & les Romains exigeaient une voix de plus pour condamner ; nos loix françaises en demandent deux ; les Grecs prétendaient que leur usage avait été établi par les dieux, mais c'est le nôtre. Voyez le jugement de Coriolan, Denis d'Halicarnasse, livre sept. (page 210.)

L'auteur oublie ici, que selon Denis d'Halicarnasse, & selon tous les historiens Romains, Coriolan fut condamné par les comices assemblés en tribus, que vingt & une tribus le jugèrent, que neuf prononcèrent son absolution, & douze sa condamnation ; chaque tribu valait un suffrage. Montesquieu, par une légère inadvertence, prend ici le suffrage d'une tribu pour la voix d'un seul homme. Socrate fut condamné à la pluralité de trente-trois voix. Montesquieu nous fait bien de l'honneur de dire que c'eſt la France chez qui la manière de condamner a été établie par les dieux. En vérité c'eſt l'Angleterre ; car il faut que tous les jurés y ſoient d'accord, pour déclarer un homme coupable. Chez nous, au contraire, il a ſuffi de la prépondérance de cinq voix pour condamner au plus horrible ſuplice des jeunes gens, qui n'étaient coupables que d'une étourderie paſſagère ; laquelle exigeait une correction, & non la mort. Juſte ciel ! que nous ſommes loin d'être des dieux en fait de juriſprudence.

X L V I.

Un ancien uſage des Romains défendait de faire mourir des filles non nubiles. Tibère trouva l'expédient de les faire violer par le bourreau, avant de les envoyer au ſuplice. Tyran ſubtil & cruel, il détruiſait les mœurs, pour conſerver les coutumes. (page 222.)

Ce paſſage demande, ce me ſemble, une grande attention. Tibère, homme méchant, ſe plaignit au ſénat, de Séjan, homme plus méchant que lui, par une lettre artificieuſe

& obſcure. Cette lettre n'était point d'un ſouverain qui ordonnait aux magiſtrats de faire ſelon les loix le procès à un coupable ; elle ſemblait écrite par un ami, qui dépoſait ſes douleurs dans le ſein de ſes amis. A peine détaillait-il la perfidie & les crimes de Séjan. Plus il paraiſſait affligé, plus il rendait Séjan odieux. C'était livrer à la vengeance publique le ſecond perſonnage de l'empire, & le plus déteſté. Dès qu'on ſût dans Rome que cet homme ſi puiſſant déplaiſait au maître, le conſul, le prêteur, le ſénat, le peuple, ſe jetterent ſur lui comme ſur une victime qu'on leur abandonnait. Il n'y eut nulle forme de jugement ; on le traîna en priſon, on l'exécuta ; il fut déchiré par mille mains, lui, ſes amis & ſes parents. Tibère n'ordonna point qu'on fit mourir la fille de ce malheureux, âgée de ſept ans, malgré la loi qui défendait cette barbarie ; il était trop habile & trop réſervé pour ordonner un tel ſuplice, & ſur-tout pour autoriſer l'inceſte d'un bourreau. Tacite & Suetone rapportent l'un & l'autre au bout de cent ans cette action exécrable ; mais ils ne diſent point qu'elle ait été commiſe, ou par la permiſſion de l'empereur l'empereur, ou par celle du ſénat (*). De même que ce ne fut point avec la permiſſion du roi que la populace de Paris mangea le cœur du maréchal d'Ancre. Il eſt bien étrange qu'on diſe que Tibère détruiſit les mœurs pour conſerver les coutumes. Il ſemblerait qu'un empereur eut introduit la coutume nouvelle de violer les enfans, par reſpect pour la coutume ancienne de ne les pas faire pendre avant l'âge de puberté.

Cette avanture du bourreau & de la fille de Séjan m'a toujours paru bien ſuſpecte, toutes les anecdotes le ſont; & j'ai même douté de quelques imputations qu'on fait encor tous les jours à Tibère, comme de ces ſpintriæ dont on parle tant, de ces débauches honteuſes & dégoutantes, qui ne ſont jamais que les excès d'une jeuneſſe emportée, & qu'un empereur de ſoixante & dix ans cacherait à tous les yeux avec le même

(*) *Tradum temporis hujus auctores.* C'eſt un bruit vague qui ſe répandit dans le tems. Quiconque a vécu, a entendu des fauſſetés plus odieuſes, répétées vingt ans entiers par le public.

ſoin qu'une veſtale cachait ſes parties naturelles dans une proceſſion. Je n'ai jamais cru qu'un homme auſſi adroit que Tibère, auſſi diſſimulé, & d'un eſprit auſſi profond, eut voulu s'avilir à ce point devant tous ſes domeſtiques, ſes ſoldats, ſes eſclaves, & ſurtout devant ſes autres eſclaves les courtiſans. Il y a des choſes de bienſéance juſques dans les plus indignes voluptés. Et de plus, je penſe que pour un tyran, ſucceſſeur du diſcret tyran de Rome, ç'eut été le moyen infaillible de ſe faire aſſaſſiner.

XLVII.

Lorſque la magiſtrature Japonoiſe a obligé les femmes de marcher nues à la manière des bêtes, elle a fait frémir la pudeur. Mais lorſqu'elle a voulu contraindre une mère, lorſqu'elle a voulu contraindre un fils.... je ne puis achever, elle a fait frémir la nature elle-même. (page 222.)

Un ſeul voyageur preſque inconnu, nommé Reyergisbert, rapporte cette abomination, qu'on lui raconta d'un magiſtrat du Japon, & il prétend que ce magiſtrat ſe divertiſſait à tourmenter les chrétiens, auxquels il ne fesait point d'autre mal. Montesquieu se plaît à ces contes; il ajoute que chez les orientaux on soumet les filles à des éléphants. Il ne dit point chez quels orientaux on donne ce rendez-vous. Mais en vérité, ce n'est là ni le temple de Gnide, ni le congrès de Cithère, ni l'Esprit des Loix.

C'est avec douleur, & en contrariant mon propre goût, que je combats ainsi quelques idées d'un philosophe citoyen, & que je relève quelques-unes de ses méprises. Je ne me serais pas livré, dans ce petit commentaire, à un travail si rebutant, si je n'avais été enflammé de l'amour de la vérité, autant que l'auteur l'était de l'amour de la gloire. Je suis en général si pénétré des maximes qu'il annonce, plutôt qu'il ne les dévelope; je suis si plein de tout ce qu'il dit sur la liberté politique, sur les tributs, sur le despotisme, sur l'esclavage, que je n'ai pas le courage de me joindre aux savants qui ont employé trois volumes à reprendre des fautes de détail.

Il importe peut-être assez peu que Montesquieu se soit trompé sur la dot qu'on donnait en Grèce aux sœurs qui épousaient leurs frères, & qu'il ait pris la coutume de Sparte pour la coutume de Crète.

Qu'il n'ait pas saisi le sens de Suetone sur la loi d'Auguste, qui défendit qu'on courut nud jusqu'à la ceinture avant l'âge de puberté. *Lupercalibus vetuit currere imberbes.*

Qu'il se soit mépris sur la manière dont la banque de Gènes est gouvernées, & sur une loi que Gênes fit publier dans la Corse.

Qu'il ait dit que *les loix à Venise défendent le commerce aux nobles Vénitiens*, tandis que ces loix leur recommandent le commerce, & que s'ils ne le font plus, c'est qu'il n'y a plus d'avantage.

Que le gouvernement Moscovite cherche à sortir du despotisme, tandis que ce gouvernement Russe est à la tête de la finance, des armées, de la magistrature, de la religion; que les évêques & les moines n'ont plus d'esclaves comme autrefois, & qu'ils sont payés par une pension du gouvernement.

Qu'il fasse un faux calcul sur le luxe, en disant, *que le luxe est zéro dans qui n'a que le nécessaire, que le double du nécessaire est égal à un*, & que le *double de cette unité est trois*; puisqu'en effet, on n'a pas toujours trois de luxe, pour avoir deux fois plus de bien qu'un autre.

Qu'il ait dit, que *chez les Samnites le jeune homme déclaré le meilleur, prenait la femme qu'il voulait;* & qu'un auteur de l'opéra comique ait fait une farce sur cette prétendue loi, sur cette fable rapportée dans Stobée, fable qui regarde les Sunnites, peuple de Scythie, & non pas les Samnites.

Qu'*en Suisse on ne paye point de tribut, mais qu'il en fait la raison particuliere.*

Que *dans ses montagnes stériles, les vivres sont si chers, & le païs si peuplé, qu'un Suisse paye quatre fois plus à la nature qu'un Turc ne paye au Sultan.* On sait assez que tout cela est faux. Il y a des impôts en Suisse tels qu'on les payait autrefois aux ducs de Zeringue & aux moines; mais il n'y a aucun impôt nouveau, aucune taxe sur les denrées & sur le commerce. Les montagnes, loin d'être stériles sont de très-fertiles pâturages, qui font la richesse du pays. La viande de boucherie y est la moitié moins chère qu'à Paris. Et enfin un Suisse ne peut payer quatre fois plus à la nature qu'un Turc au Sultan, à moins qu'il ne boive & ne mange quatre fois d'avantage.

Qu'il ait dit, que *dans les états mahométans on est non seulement maître des biens & de la vie des femmes esclaves* ; ce qui est absolument faux, puisque dans le vingt-quatrieme Sura ou chapitre de l'alcoran, il est dit expressément, *Traitez bien vos esclaves ; si vous voyez en eux du mérite, partagez avec eux les richesses que Dieu vous a données. Ne forcez pas vos femmes esclaves à se prostituer à vous.* Puisqu'enfin on punit de mort à Constantinople le maître qui a tué son esclave, à moins que le maître ne prouve que l'esclave a levé la main sur lui. Et si l'esclave prouve que son maître l'a violée, elle est déclarée libre avec dépends.

Qu'à Patane la lubricité des femmes est si grande, que les hommes sont obligés de se faire certaines garnitures pour se mettre à l'abri de leurs entreprises. C'est un nommé Sprenkel qui a fait ce conte absurde, bien indigne assurément de l'Esprit des Loix. Et le même Sprenkel dit qu'à Patane les maris sont si jaloux de leurs femmes, qu'ils ne permettent pas à leurs meilleurs amis de les voir, elles ni leurs filles.

Que la féodalité est un événement arrivé une fois dans le monde, & qui n'arrivera peut-être jamais, &c.

Quoique la féodalité, les bénéfices militaires aient été établis sous Alexandre Sévère, sous les rois Lombards, sous Charlemagne, dans l'empire Ottoman, en Perse, dans le Mogol, au Pégu, & quoi qu'en dernier lieu Catherine II, Impératrice de Russie ait donné en fief pour quelque tems, la Moldavie conquise par ses armes, quoiqu'enfin on ne doive pas dire que le gouvernement féodal ne reviendra plus, quand la diette de Ratisbonne est assemblée.

Que chez les Germains il y avait des vassaux & non pas des fiefs. Les fiefs étaient des chevaux de bataille, des armes, des repas.

Quelle idée! il n'y a point de vassalité sans terre. Un officier à qui son général aura donné à souper, n'est pas pour cela son vassal.

Qu'en Espagne on a défendu les étoffes d'or & d'argent. Un pareil décret serait semblable à celui que feraient les états de Hollande, s'ils défendaient la consommation de la canelle.

On ne peut faire une comparaison plus

fausse, ni dire une chose moins politique. Les Espagnols n'avaient point de manufactures ; ils auraient été obligés d'acheter ces étoffes de l'étranger. Les Hollandais, au contraire, sont les seuls possesseurs de la canelle ; ce qui était raisonnable en Espagne, eut été absurde en Hollande.

Je n'entrerai point dans la discussion de l'ancien gouvernement des Francs vainqueurs des Gaulois ; dans ce cahos de coutumes toutes bisarres, toutes contradictoires ; dans l'examen de cette barbarie, de cette anarchie qui a duré si longtems, & sur lesquelles il y a autant de sentiments différents que nous en avons en théologie. On n'a perdu que trop de tems à descendre dans ces abîmes de ruines ; & l'auteur de l'Esprit des Loix a dû s'y égarer comme les autres.

Toutes les origines des nations sont l'obscurité même, comme tous les systêmes sur les premiers principes sont un cahos de fables. Lorsqu'un aussi beau génie que Montesquieu se trompe, je m'enfonce dans d'autres erreurs en découvrant les siennes. C'est le sort de tous ceux qui courent après la vérité ; ils se heurtent dans leur course, & tous sont jettés par terre. Je respecte Montesquieu jusques dans ses chûtes, parce qu'il se relève pour monter au ciel. Je vais continuer ce petit commentaire pour m'instruire en l'étudiant sur quelques points, non pour les critiquer : je le prends pour mon guide, non pour mon adversaire.

DU CLIMAT.

De tout tems on a sçu combien le sol, les eaux, l'atmosphère, les vents influent sur les végétaux, les animaux & les hommes. On sait assez qu'un Basque est aussi différent d'un Lapon, qu'un Allemand l'est d'un Négre, & qu'un coco l'est d'une nefle. C'est à propos de l'influence du climat que Montesquieu examine au chapitre 12 du livre 14, pourquoi les Anglais se tuent si délibérément. *C'est*, dit-il, *l'effet d'une maladie. Il y a apparence que c'est un défaut de filtration du suc nerveux.* Les Anglais en effet appellent cette maladie *spléen*, qu'ils prononcent *splin*, ce mot signifie la rate. Nos Dames autrefois étaient malades de la rate. Moliere a fait dire à des bousons :

Veut-on qu'on rabatte
Les vapeurs de rate
Qui nous minent tous ?
Qu'on laiſſe Hypocrate,
Et qu'on vienne à nous.

Nos Pariſiennes étaient donc tourmentées de la rate, à préſent elles ſont affligées de vapeurs, & en aucun cas elles ne ſe tuaient. Les Anglais ont le *ſplin* ou la *ſplin*, & ſe tuent par humeur. Ils s'en vantent ; car quiconque ſe pend à Londres, ou ſe noie, ou ſe tire un coup de piſtolet, eſt mis dans la gazette.

Depuis la querelle de Philippe de Valois & d'Edouard III pour la loi ſalique, les Anglais en ont toujours voulu aux Français ; ils leur prirent non-ſeulement Calais, mais preſque tous les mots de leur langue, & leurs maladies, & leurs modes, & prétendirent enfin l'honneur excluſif de ſe tuer. Mais ſi l'on voulait rabattre cet orgueil, on leur prouverait que dans la ſeule année 1774, on a compté à Paris plus de cinquante perſonnes qui ſe ſont données la mort. On leur dirait que chaque année il y a douze ſuicides dans Genève qui ne contient que vingt mille ames, tandis que les gazettes ne comptent pas plus de ſuicides à Londres, qui renferme environ ſept cent mille *ſpleen* ou *ſplin*.

Les climats n'ont gueres changé depuis que Romulus & Remus eurent une louve pour nourice. Cependant, pourquoi ſi vous en exceptez Lucrèce, dont l'hiſtoire n'eſt pas bien avérée, aucun Romain de marque n'a-t-il eu une aſſez forte *ſpleen* pour attenter à ſa vie ? Et pourquoi enſuite dans l'eſpace de ſi peu d'années, Caton d'Utique, Brutus, Caſſius, Antoine & tant d'autres donnérent-ils cet exemple au monde ? N'y a-t-il pas quelque autre raiſon que le climat qui rendit ces ſuicides ſi communs ?

Monteſquieu dit dans ce chapitre, que le climat de l'Inde eſt ſi doux, que les loix le ſont auſſi. *Ces loix*, dit-il, *ont donné les neveux aux oncles, les orphelins aux tuteurs, comme on les donne ailleurs à leurs pères. Ils ont réglé la ſucceſſion par le mérite reconnu du ſucceſſeur. Il ſemble qu'ils ont penſé que chaque citoyen devait ſe repoſer ſur le bon naturel des autres. Heureux le climat qui fait naître la candeur des ames, & produit la douceur des mœurs !*

Il eſt vrai que dans vingt endroits, l'illuſtre auteur peint le vaſte païs de l'Inde, & tous les païs de l'Aſie, comme des états monarchiques ou deſpotiques, dans leſquels tout appartient au maître, & où les ſujets ne connoiſſent point la propriété; de ſorte que ſi le climat produit des citoyens ſi honnêtes & ſi bons, il y fait des princes bien rapaces & bien tyrans. Il ne s'en ſouvient plus ici; il copie la lettre d'un Jéſuite nommé Bouchet, au préſident Cochet, inſérée dans le quatorzieme recueil des Lettres curieuſes & édifiantes; & il copie trop ſouvent ce recueil. Ce Bouchet, dès qu'il eſt arrivé à Pondicheri, avant de ſavoir un mot de la langue du païs (*); répéte à Mr. Cochet tous les

(*) J'ai connu autrefois ce Bouchet, c'était un imbécile, auſſi bien que frere Courbeville ſon compagnon. Il a vu des femmes indiennes prouver leur fidélité à leurs maris, en plongeant une main dans l'huile bouillante ſans ſe brûler. Il ne ſavait pas que le ſecret conſiſte à verſer l'eau dans le vaſe longtems avant l'huile, & que l'huile eſt encore froide quand l'eau qui bout ſouleve l'huile à gros bouillons. Il répéte l'hiſtoire des deux Soſies pour prouver le chriſtianiſme aux Brames.

contes qu'il a entendu faire à des facteurs. J'en crois plus volontiers le colonel Scrafton qui a contribué aux conquêtes du lord Clive, & qui joint à la franchise d'un homme de guerre une intelligence profonde de la langue des Brames.

Voici ses paroles, que j'ai citées ailleurs (*).

„ Je vois avec surprise tant d'auteurs assurer „ que les possessions des terres ne sont point „ héréditaires dans ce païs, & que le prince „ est l'héritier universel. Il est vrai qu'il n'y „ point d'acte de parlement qui retienne l'au- „ torité impériale dans ses limites; mais l'u- „ sage consacré & invariable de tous les tri- „ bunaux, est que chacun hérite de ses pères. „ Cette loi non écrite, est plus constamment „ observée qu'en aucun état monarchique.

Cette déclaration d'un des conquérants des plus belles contrées de l'Inde, vaut bien celle d'un Jésuite, & toutes deux doivent balancer au moins l'opinion de ceux qui prétendent que cette riche partie de la terre, peuplée de cent dix millions d'hommes, n'est habitée que par des despotes & des esclaves.

(*) Page.

Toutes les rélations qui nous ſont venues de la Chine, nous ont apris que chacun y jouït de ſon bien beaucoup plus librement que dans l'Inde. Il n'eſt pas croyable qu'il y ait un ſeul pays dans le monde, où la fortune & les droits des citoyens dépendent du chaud & du froid.

Le climat étend ſon pouvoir, ſans doute, ſur la force & la beauté du corps, ſur le génie, ſur les inclinations. Nous n'avons jamais entendu parler ni d'une Phriné Samoyede ou Négreſſe, ni d'un Hercule Lapon, ni d'un Neuton Topinambou. Mais je ne crois pas que l'illuſtre auteur ait eu raiſon d'affirmer que les peuples du nord ont toujours vaincu ceux du midi. Car les Arabes acquirent par les armes en très peu de tems au nord de leur patrie, un empire auſſi étendu que celui des Romains, & les Romains eux-mêmes avaient ſubjugué les bords de la mer noire, qui ſont preſque auſſi froids que ceux de la mer baltique.

L'illuſtre auteur croit que les religions dépendent du climat. Je penſe avec lui que les rites en dépendent entiérement. Mahomet n'aurait défendu le vin & les jambons ni à

Bayonne, ni à Mayence. On entrait chauſſé dans les temples de la Tauride qui eſt un pays froid, il fallait entrer nuds-pieds dans celui de Jupiter Ammon au milieu des ſables brulants. On ne s'aviſera point en Egypte de peindre Jupiter armé du tonnerre, puiſqu'il y tonne ſi rarement. On ne figurera point les réprouvés par l'emblême des boucs dans une île comme Itaque, où les chevres ſont la principale richeſſe du pays.

Une religion dont les cérémonies les plus eſſentielles ſe feront avec du pain & du vin, quelque ſublime, quelque divine qu'elle ſoit, ne réuſſira pas d'abord dans un pays où le vin & le froment ſont inconnus.

La croyance qui conſtitue proprement la religion eſt d'une nature toute différente. Elle dépendit chez les Gentils uniquement de l'éducation. Les enfans Troyens furent élevés dans la perſuaſion qu'Apollon & Neptune avaient bâti les murs de Troye, & les enfans Athéniens bien appris, ne doutaient pas que Minerve ne leur eut donné des olives. Les Romains, les Carthaginois eurent une autre mythologie. Chaque peuple eut la ſienne.

Je ne puis croire à la faibleſſe d'organes que

Monteſquieu attribue aux peuples du midi ; & à cette pareſſe d'eſprit qui fait ſelon lui, *que les loix, les mœurs & les manieres, ſont aujourd'hui en orient, comme elles étaient il y a mille ans.* Monteſquieu dit toujours que les loix forment les *manieres.* J'aurais dit les *uſages.* Mais il me ſemble que les manieres du chriſtianiſme détruiſirent depuis Conſtantin les manieres de la Syrie, de l'Aſie mineure & de l'Egypte ; que les manieres un peu brutales de Mahomet chaſſérent les belles manieres des anciens Perſes, & même les nôtres. Les Turcs ſont venus enſuite qui ont tout bouleverſé, de façon qu'il n'en reſte plus rien que les eunuques & les pouſſes.

ESCLAVAGE.

Si quelqu'un a jamais combattu pour rendre aux eſclaves de toute eſpèce le droit de la nature, la liberté, c'eſt aſſurément Monteſquieu. Il a oppoſé la raiſon & l'humanité à toutes les ſortes d'eſclavages ; à celui des nègres qu'on va acheter ſur la côte de Guinée pour avoir du ſucre dans les iles Caraïbes ; à celui des eunuques pour garder les femmes & pour

pour chanter le deſſus dans la chapelle du pape, à celui des infortunés mâles & femelles qui ſacrifient leur volonté, leurs devoirs, leurs penſées, toute leur exiſtence, dans un âge où les loix ne permettent pas qu'on diſpoſe d'un fond de quatre piſtoles. Il a même attaqué adroitement cette eſpèce d'eſclavage qui fait d'un citoyen un diacre ou un ſous-diacre, & qui vous prive du droit de perpétuer votre famille, à moins que vous ne rachetiez ce droit à Rome chez un protonotaire; dignité qui fut inconnue aux Marcellus & aux Scipions. Il a ſur-tout déployé ſon éloquence contre l'eſclavage de la glèbe, où croupiſſent encor tant de cultivateurs, gémiſſants ſous des commis pour prix de nourrir des hommes leurs frères.

Je veux me joindre à ce défenſeur de la nature humaine, & j'oſe m'adreſſer, à qui? au roi de France lui-même, quoique je ſois un étranger. Un Perſan & un Indien des îles Moluques, vinrent demander juſtice à Louis XIV & l'obtinrent. Pourquoi ne la demanderai-je pas à Louis XVI? Je me jette de loin à ſes pieds, & je lui dis:

Petit fils de St. Louis, achevez l'ouvrage de votre père. Je ne vous implore pas pour que vous alliez débarquer à Joppé, sur le rivage où l'on dit qu'Andromède fut exposée à un monstre marin, & que Jonas fut avalé par un autre; je ne vous conjure pas de quitter votre royaume de France, pour aller venger le baron de Lusignan que le grand Saladin chassa autrefois de son petit royaume de Jérusalem, & pour délivrer quelques descendants inconnus de nos insensés croisés, lesquels descendants pouraient avoir hérité des fers de leurs ancêtres, & servir des musulmans dans l'Arabie ou dans l'Egypte; mais je vous conjure de délivrer plus de cent mille de vos fidèles sujets qui sont chez vous esclaves des moines. Il est difficile de comprendre comment des saints qui ont fait vœu d'humilité, d'obéissance & de chasteté, ont cependant des royaumes dans votre royaume, & commandent à des esclaves qu'ils appellent leurs mainmortables.

Don Titrier fit vers le milieu du quatorzieme siècle des titres authentiques signés de tous les rois & de tous les empereurs des siècles précédents, par lesquels, *attendu que le monde allait finir*, on donnait toutes les terres, tous les biens périssables, tous les hommes & toutes les filles à ces moines qui avaient déjà le ciel appartenant à eux en propre. C'est en vertu de ces pieces probantes qu'ils ont encor des esclaves dans la Bourgogne, dans la Franche-Comté, le Nivernois, le Bourbonnais, l'Auvergne, la Marche, & quelques autres provinces. Ils s'arrogent des droits que vous n'avez pas, & que vous rougiriez d'avoir. Ils appellent ces esclaves *nos serfs*, *nos mainmortables*.

Envain St. Louis abolit cet oprobre de la nature humaine dans ses terres de son obéissance; envain sa digne mère la reine Blanche vint elle-même ouvrir dans Paris les prisons aux habitans de Chatenai, que des gens d'église avaient chargés de chaines en qualité de serfs de l'église. Envain Louis le jeune en 1141, Louis X en 1315, & enfin Henri II en 1553, crurent détruire par leurs édits solemnels, cette espèce de crime de lèze-majesté, & surement de lèze-humanité. On voit encor dans vos états plus d'esclaves de moines, que vous n'avez de troupes nationales.

Il y a ſire, à votre conſeil depuis pluſieurs années, un procès entre douze mille chefs de familles d'un canton preſque inconnu de la Franche-Comté, & vingt moines ſécülariſés. Les douze mille hommes prétendent n'appartenir qu'à Votre Majeſté, ne devoir leurs ſervices & leur ſang qu'à Votre Majeſté. Les vingt cénobites prétendent qu'ils ſont au nom de Dieu, les maîtres abſolus des perſonnes & du pécule, & des enfans de ces douze mille hommes. Je vous conjure, ſire, de juger entre la nature & l'égliſe; rendez des citoyens à l'état & des ſujets à votre couronne. Le feu roi de Sardaigne, dont les filles ſont l'ornement & l'exemple de votre cour, décida la même affaire, peu de temps avant ſa mort. Il détruiſit la mainmorte dans ſes états par les plus ſages ordonnances. Mais vous avez dans le ciel un plus grand exemple, Saint Louis, dont le ſang coule dans vos veines, & dont les vertus ſont dans votre ame. Les miniſtres qui vous ſeconderont dans cette entrepriſe ſeront comme vous chers à la poſtérité.

DES FRANCS.

ON a déja remarqué que Daniel dans sa préface sur l'histoire de France (*), où il parle beaucoup plus de lui-même que de la France, a voulu nous persuader que Clovis doit être bien plus intéressant que Romulus. Hénaut a été de l'avis de Daniel. On pouvait répondre à l'un & à l'autre, vous êtes orfévre, Mr. Josse. Ils auraient pu s'appercevoir que le berceau d'Hercule, par exemple, exciterait plus de curiosité que celui d'un homme ordinaire. Nous venons tous de sauvages ignorés, Français, Espagnols, Germains, Anglais, Scandinaviens, Sarmates; chacune de ces nations renfermée dans

(*) C'est sa premiere préface, où il donne pour écrire l'histoire des règles qu'il ne prend que chez lui, & non la préface historique, qui est un chef-d'œuvre de bonne critique. On voit qu'il y profite des recherches de Cordemoi & de Valois, & qu'il est meilleur historien des Francs, qu'il ne l'est des

ſes limites, ſe fait valoir par ſes différents mérites; chacune a ſes grands hommes, & compte à peine les grands hommes de ſes voiſins; mais toutes ont les yeux ſur l'ancienne Rome. Romulus, Numa, Brutus, Camillus leur appartiennent à toutes. L'hydalgo Eſpagnol, & le genthleman English, apprennent à lire dans la langue de Céſar. On aime à voir le foible ruiſſeau dont eſt ſorti à la fin ce grand fleuve qui a inondé la terre.

On ne prononce aujourd'hui le nom d'Oſtrogot, de Viſigot, de Hun, de Franc, de Vandale, d'Hérule, de toutes ces hordes qui ont détruit l'empire Romain, qu'avec le dégoût & l'horreur qu'inſpirent les noms des bêtes ſauvages puantes. Mais chaque peuple de l'Europe veut couvrir de quelque éclat la

---

Français dans le cours de ſon grand ouvrage. On peut ſeulement le blâmer de donner toujours aux Francs le nom de Français. Au reſte, ni Mezerai, ni lui, ni Véli ne ſont des Tite-Lives, & je crois qu'il eſt impoſſible qu'il y ait des Tite-Lives chez nos nations modernes.

turpitude de ſon origine. L'Eſpagne vante ſon Saint Ferdinand, l'Angleterre ſon Saint Edouard, la France ſon Saint Louis. Si à Madrid on remonte aux rois Gots, nous remontons dans Paris aux rois Francs. Mais, qui étaient ces Francs, que Monteſquieu de Bordeaux appelle *nos pères*? C'étaient comme tous les autres barbares du nord, des bêtes féroces qui cherchaient de la pâture, un gîte, & quelques vêtements contre la neige.

D'où venaient-ils? Clovis n'en ſavait rien, ni nous non plus. On ſavait ſeulement qu'ils demeuraient à l'orient du Rhin & du Mein, & que leurs bœufs, leurs vaches & leurs moutons ne leur ſuffiſaient pas. N'ayant point de villes ils allaient, quand ils le pouvaient, piller les villes romaines dans la Gaule Germanique & dans la Belgique. Ils s'avançaient quelquefois juſqu'à la Loire, & revenaient partager dans leurs repaires tout ce qu'ils avaient volé. C'eſt ainſi qu'en uſerent leurs capitaines Clodion, Mérouée & Childéric, père de Clovis, lequel Childéric mourut & fut enterré dans un grand chemin près de Tournai, ſelon l'uſage de ces peuples & de ces temps.

Tantôt les Empereurs achetaient quelques trèves à leurs brigandages, tantôt ils les puniſſaient, ſelon qu'ils avaient dans ces cantons éloignés quelques troupes & quelque argent. Conſtantin avait pénétré lui-même juſques dans leurs retraites en 313 de notre ère, avait ſaiſi leurs chefs, qui étaient, dit-on, les ancètres de Clovis, & les avait condamnés aux bêtes dans le cirque de Trèves, comme des eſclaves révoltés & des voleurs publics.

Les Francs depuis ce jour eurent de nouvelles rapines à chercher, & la mort ignominieuſe de leurs chefs à venger ſur les Romains. Ils ſe joignirent ſouvent à toutes les hordes Allemandes qui paſſaient aiſément le Rhin, malgré les colonies romaines de Cologne, de Trèves, de Mayence. Ils ſurprirent Cologne & la pillerent. Lorſque Julien était Céſar dans les Gaules, ce grand homme qui fut, comme je l'ai déja dit, le ſauveur & le père de nos contrées, partit de la petite rue qu'on appelle aujourd'hui des Mathurins, où l'on voit encor les reſtes de ſa maiſon, & courut ſauver d'une invaſion la Gaule & notre païs en 357. Il paſſa le Rhin, reprit Cologne, repouſſa les entrepriſes des Francs & celles de l'empereur Conſtancius qui voulait le perdre; vainquit toutes les hordes Allemandes & Franques, ſignala ſa clémence non moins que ſa valeur, nourit également les vainqueurs & les vaincus, fit régner l'abondance & la paix des rives du Rhin & de la Meuſe juſqu'aux Pytenées, & ne quitta les Gaules qu'après avoir fait leur bonheur, laiſſant chez toutes les ames honnêtes la mémoire la plus chère & la plus juſtement reſpectée.

Après lui tout changea. Il ne faut qu'un ſeul homme pour ſauver un empire, & un ſeul pour le perdre. Plus d'un empereur hâta la décadence de Rome. Les théatres des victoires de tant de grands hommes, les monuments de tant de magnificence & de tant de bienfaits répandus ſur le genre humain aſſervi pour ſon bonheur, furent inondés de barbares inconnus, comme des champs fertiles ſont dévaſtés par des nuées de ſauterelles. Il en vint jusques des frontieres de la Chine. Lés bords de la mer Baltique, de la mer noire, de la mer Caspienne, vomirent des monstres qui dévorerent les nations & qui détruisirent tous les arts.

Je ne crois pas cependant que cette multitude de dévastateurs ait été aussi immense qu'on le dit. La peur éxagère. Je vois d'ailleurs que c'est toujours le petit nombre qui fait les révolutions. Sha-Nadir de nos jours n'avait pas quarante mille soldats quand il mit à ses pieds le grand mogol, & qu'il emporta toutes ses richesses. Les Tartares qui subjuguèrent la Chine vers l'an 1620, n'étaient qu'en très petit nombre. Tamerlan, Gengis-kan ne commencèrent pas la conquête de la moitié de notre hémisphère avec dix mille hommes. Mahomet n'en eut pas mille à sa premiere bataille. César ne vint dans les Gaules qu'avec quatre légions; il n'avait que vingt deux mille combattants à la bataille de Pharsale, & Aléxandre partit avec quarante mille pour la conquête de l'Asie.

On nous dit qu'Attila fondit des extrêmités

de la Sibérie aux bords de la Loire, suivi de sept cent mille Huns. Comment les aurait-il nourris ? On ajoute qu'ayant perdu deux cent mille de ces Huns dans quelques escarmouches, il en perdit encor trois cent mille dans les champs Catalauniques qui sont inconnus ; après quoi il alla mettre l'Illirie en cendre, assieger & détruire Aquilée sans que personne l'en empêchat. *Et voilà justement comme on écrit l'histoire.*

Quoiqu'il en soit, ce fut dans ce bouleversement singulier de l'Europe que les Francs vinrent comme les autres prendre leur part du pillage. La province Sequanoise était déja envahie par des Bourguignons qui ne savaient pas eux-mêmes leur origine. Des Visigots s'emparaient d'une partie du Languedoc, de l'Aquitaine & de l'Espagne. Le Vandale Genseric qui s'était jetté sur l'Afrique, en partit par mer pour aller piller Rome sans aucune opposition. Il y entra comme on vient dans une de ses maisons qu'on veut démeubler pour embellir une autre demeure. Il fit enlever tout l'or, tout l'argent, tous les ornements précieux malgré les larmes du pape Léon qui avait composé avec Attila & qui ne put fléchir Genseric.

Les Gaulois qui ne s'étaient défendus ni contre les Bourguignons, ni contre les Gots, ne résisterent pas plus aux Francs qui arriverent l'an 486, ayant à leur tête le jeune Clovis, âgé, dit-on de quinze ans. Il est à présumer qu'ils entrerent d'abord dans la Gaule Belgique en petit nombre, comme les Normands entrerent depuis dans la Neustrie, & que leur troupe augmenta de tous les brigands volontaires qui se joignirent à eux en chemin dans l'espoir de la rapine, unique solde de tous les barbares.

Une preuve évidente que Clovis avait très peu de troupes, c'est que dans la rédaction de la loi des Saliens Francs, nommée communément la loi Salique, faite sous ses successeurs, il est dit expressément, *c'est cette nation qui en petit nombre terrassa la puissance Romaine : gens parvus numero.*

Il y avait encore un fantôme de commandant Romain, nommé Siagrius, qui dans la désolation générale avait conservé quelques troupes Gauloises sous les murs de Soissons;

elles ne résistèrent pas. Le même peuple qui avait coûté dix années de travaux & de négociations à César, ne couta qu'un jour à cette petite troupe de Francs. C'est que lorsque César les voulut subjuguer, ils avaient toujours été libres ; & quand ils eurent les Francs en tête, il y avait plus de cinq cents ans qu'ils étaient asservis.

CLOVIS.

Quel était donc ce héros de quinze ans, qui des marais des Chamaves & des Bructères, vint à Soissons mettre en fuite un général & jetter les fondemens, non pas *du premier trône de l'univers*, comme le dit si souvent l'abbé Véli, mais d'un des plus florissants états de l'Europe ? On ne nous dit point qui fut le Chiron ou le Phénix de ce jeune Achille. Les Francs n'écrivirent point son histoire. Comment fut-il conquerant & législateur dans l'âge qui touche à l'enfance ? C'est un exemple unique. Un Auvergnac devinant Euclide à douze ans, n'est pas si au-dessus de l'ordre commun. Ce qui eſt encore unique ſur le globe, c'eſt que la troiſiéme race règne dans cet état depuis huit cent ans, alliée ſans doute à celle de Charlemagne, qui l'était à celle de Clovis, ce qui fait une continuité d'environ treize ſiècles.

La France, à la vérité, n'eſt pas à beaucoup près auſſi étendue que l'était la Gaule ſous les Romains; elle a perdu tout le païs qu'on appellait la France orientale dans le moyen âge; celui de Trèves, de Mayence, de Cologne, la plus grande partie de la Flandre. Mais à la longue l'induſtrie de ſes peuples l'a ſoutenue malgré les guerres les plus funeſtes, les captivités de ſes rois, les invaſions des étrangers, & les ſanglantes diſcordes que la religion a fait naître dans ſon ſein.

Cette belle province Romaine ne tomba pas d'abord au pouvoir du prince des Francs. Les plus fertiles parties avaient été envahies par les princes Ariens, Bourguignons & Gots dont j'ai parlé. Clovis & ſes Francs étaient de la religion qu'on nommait payenne depuis Théodoſe, du mot latin *pagus*, bourgade, la religion chrétienne devenue dominante n'ayant guere laiſſé que dans les campagnes l'ancien culte de l'empire. Les évêques Athanaſiens orthodoxes qui dominaient dans tout ce qui n'était pas Got ou Bourguignon, & qui avaient ſur les peuples une puiſſance preſque ſans bornes, pouvaient avec le bâton paſtoral, briſer l'épée de Clovis.

Le ſavant abbé Dubos a très-bien démêlé que ce jeune conquérant avait la dignité de maître de la milice Romaine, dans laquelle il avait ſuccédé à ſon père Childéric, dignité que les empereurs conféraient à pluſieurs chefs de tribu chez les Francs, pour les attacher (ſi l'on pouvait) au ſervice de l'empire. Ainſi ayant attaqué Siagrius, il pouvait être regardé comme un rebelle & comme un traître. Il pouvait être puni ſi la fortune des Romains changeait. Les évêques pouvaient ſur-tout armer les peuples contre lui. Le vieillard vénérable Saint Remi, Evêque de Rheims avait écrit à Clovis vers le temps de ſon expédition contre Siagrius, cette fameuſe lettre que l'abbé Dubos fait tant valoir, & que Daniel a ignorée. „ Nous avons appris „ que vous êtes maître de la milice, n'abu-

„ ſez point de votre bénéfice militaire. Ne
„ diſputez point la préſéance aux évèques
„ de votre département; demandez toujours
„ leurs conſeils; élevés vos compatriotes,
„ mais que votre prétoire ſoit ouvert à tout
„ le monde..... admettez les jeunes gens
„ à vos plaiſirs, & les vieillards à vos déli-
„ bérations, &c. "

Cette lettre était d'un père qui donne des leçons à ſon fils. Elle fait voir tout l'aſcendant que la réputation prenait ſur la puiſſance. La grace fit le reſte; & bientôt après Clovis ſe fit nonſeulement chrétien, mais orthodoxe.

Le jéſuite Daniel embellit ſon hiſtoire en ſuppoſant qu'il fit une harangue à ſes ſoldats pour les engager à ſe faire chrétiens comme lui; & qu'ils crierent tous de concert: *Nous renonçons aux dieux mortels, & nous ne voulons plus adorer que l'immortel. Nous ne reconnaiſſons plus d'autre Dieu que celui que le ſaint évêque Remi nous prêche.*

Il n'eſt pas vraiſemblable que toute une armée ait répondu à ſon roi par une antithèſe, & par une longue phraſe étudiée. Daniel

Daniel aurait dû ſonger que les Francs de Clovis croyaient leurs dieux immortels tout comme les jéſuites croyaient ou feignaient de croire à l'immortalité de leur François Xavier & de leur Ignace de Loyola.

Il eſt triſte que Clovis étant à peine catéchumene fit tuer Siagrius que les Viſigots lui avaient remis entre les mains. Il eſt encore plus triſte qu'ayant été batiſé longtems après, il ſéduiſit un prince Franc de ſes parents, nommé Sigebert, & marchanda avec lui un parricide. Sigebert aſſaſſina ſon père qui régnait dans Cologne; & Clovis au lieu de payer l'argent promis l'aſſaſſina lui-même, & ſe rendit maître de la ville. Il traita de même un autre prince nommé Kararic.

Il y avait un autre Franc, nommé Ranacaire, qui commandait dans Cambrai. Il fit un marché avec les propres ſoldats de ce Ranacaire pour l'aſſaſſiner, & quand les meurtriers lui demandèrent leur ſalaire, il les paya en fauſſe monnoie.

Un autre de ſes camarades Francs, Rénomer, s'était cantonné dans le pays du Maine, il le fit poignarder de même par des coupe-jarets, & se défit ainsi de tous ceux qui lui fesaient quelque ombrage.

Daniel dit, *que pour satisfaire à la justice de Dieu, il employa ses soins & ses finances à quantité de choses fort utiles à la religion; il commença ou acheva des églises & des monastères.*

Si ce prince orthodoxe méconnaissant l'esprit du christianisme, commit tant d'atrocités, Gondebaud l'arien oncle de la célèbre Sainte Clotilde, ne fut pas moins souillé de crimes. Il assassina dans la ville de Vienne son propre frère & sa belle-sœur, père & mère de Clotilde. Il mit le feu à la chambre où un autre de ses frères était renfermé, & l'y brûla vif; il fit jetter sa femme dans la riviere; & Clotilde échapa à peine à ces massacres. Ce Gondebaud d'ailleurs était un législateur. C'étaient là les mœurs des Francs, & ce que Montesquieu appelle les *manieres.*

On sait trop que les enfans de Clovis ne dégénérèrent pas; le cœur saigne quand on est forcé de raporter les actions politiques de cette famille.

Clotilde après la mort de son mari voulut venger la mort de son père & de sa mère sur Gondebaud son oncle. Elle arma contre lui ses quatre enfans, Thierry roi de Metz, Clotaire de Soissons, Childebert de Paris, & Clodomir d'Orléans. Clodomir fut tué, ayant été abandonné de ses frères dans une bataille. Il laissait trois enfans dont le plus âgé avait à peine dix ans; Clodomir leur père leur avait laissé la province d'Orléans à partager selon l'usage. Clotaire ne se contenta pas d'épouser la veuve de son frère; il voulut s'emparer du bien de ses neveux. Son frère Childebert s'unit avec lui dans cette entreprise, ils s'accordèrent à partager le petit état d'Orléans. La veuve de Clovis qui élevait ses petits enfans, s'opposa à cette injustice. Clotaire & Childebert se saisirent des trois enfans dont ils devaient être les protecteurs. Ils envoyerent à leur grand-mère une paire de ciseaux & un poignard, par un Auvergnac nommé Arcadius. Il faut, lui dit ce député, choisir entre l'un & l'autre.

Voulez-vous que ces ciſeaux coupent les cheveux de vos petits-fils, ou que ce poignard les égorge ?

L'uſage était alors de regarder comme enſevelis dans le monachiſme, les enfans qu'on avait tondus. Des ciſeaux tenaient lieu des trois vœux. Clotilde dans ſa colère répondit, j'aime mieux les voir morts que moines. Clotaire & Childebert n'exécutèrent que trop à la lettre ce que la reine avait prononcé dans l'excès de ſa douleur. On croit que ce fut dans une maiſon où eſt actuellement l'égliſe des Barnabites à Paris que ce crime fut commis. Clotaire perça d'abord l'aîné d'un coup d'épée, & le jetta mort à ſes pieds. Le puiné attendrit un moment Childebert par ſes cris & par ſes larmes. Childebert ſe laiſſa toucher, Clotaire inflexible arracha l'enfant des bras de ſon frère, & le renverſa ſur ſon ainé expirant. Le troiſieme fut ſauvé par un domeſtique. Il prit, quand il put ſe connaître, le parti que ſa grand-mère avait refuſé; il ſe fit moine; on le déclara ſaint après ſa mort, afin qu'il y eut quelqu'un du ſang de Clovis qui put appaiſer Dieu. Clotilde vit ses fils jouïr du bien & du sang de ses petits-fils.

Tel fut longtems l'Esprit des Loix dans la monarchie naissante. Le siècle des Frédégonde & des Brunéhaut ne fut pas moins abominable. Plus on parcourt l'histoire, & plus on se félicite d'être né dans notre siècle.

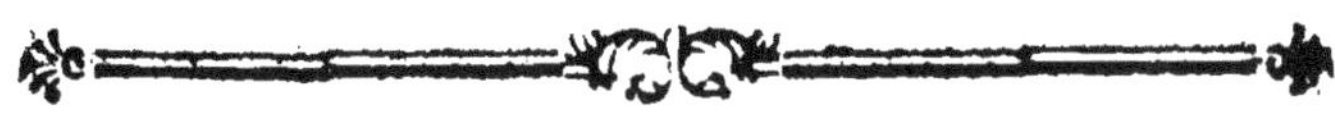

DU CARACTERE DE LA NATION FRANÇAISE.

Est-ce l'influence du climat qui a produit cette série d'atrocité& d'horreurs si avérées & si incroyables? Les assassinats soit prétendus politiques, soit prétendus juridiques, soit ouvertement commis par un usage commun, se sont succédés presque sans interruption depuis le temps de Clovis jusqu'au temps de la Fronde? Est-ce l'atmosphère humide des bords de la Seine qui donna le pouvoir à un pape Français, & à des cardinaux Français qui pillaient la France, & leur inſpira de brûler ſolemnellement & à petit feu le grand-maître de l'ordre du Temple, le frère du dauphin d'Auvergne, & cinquante-neuf chevaliers, vis à vis l'endroit où eſt aujourd'hui la ſtatue de Henri IV ? Eſt ce l'intempérie du climat qui arma en un jour plus de cent mille ruſtres dans les environs de Paris après la bataille de Poitiers, qui les déchaîna dans la moitié de la France & leur inſpira cette rage nommée la Jaquerie, avec laquelle ils démolirent tous les châteaux de la nobleſſe, égorgèrent & brulèrent les gentilshommes, leurs femmes & leurs filles ?

Parlerai-je des fureurs des Bourguignons & des Armagnacs exercées dans Paris & dans tout le royaume, de cette guerre civile continuelle & générale, de ce jour affreux où la populace Pariſienne de la faction Bourguignone, maſſacra le connétable d'Armagnac, le chancelier de Marle, l'archevèque de Rheims, l'archevèque de Tours, cinq autres évèques, une foule de magiſtrats, de gentilshommes, de pretres, qu'on jettait dans les rues du haut de leurs maiſons, & qu'on recevait ſur des piques?

Pour mettre le comble à ces horreurs les Anglais ſaccageaient le reſte du royaume après leur victoire d'Azincourt. Le roi de France ayant perdu l'uſage de la raiſon était abandonné de ſes domeſtiques, déshonoré publiquement par ſa femme, livré à tout ce que l'oubli de ſoi-même, les ulcères, la vermine ont de plus affreux & de plus révoltant. Il avait vu ſon frère le duc d'Orléans aſſaſſiné par ſon couſin le duc de Bourgogne, ſon fils (depuis le roi Charles VII) venger le duc d'Orléans en aſſaſſinant ſon coupable couſin; ce fils déshérité, dépouillé, banni par ſa mère. Le ſang coula d'un bout de la France à l'autre tous les jours de la miſérable vie de ce roi, laquelle ne fut qu'un long ſupplice.

Les règnes ſuivants éprouvèrent d'auſſi grands malheurs. Quatre gentilshommes périrent tour à tour dans des ſupplices recherchés par les vengeances de ce Louis XI, ſi diſſimulé & ſi violent, ſi barbare, & ſi timidement ſuperſtitieux, ſi étourdi & ſi profondément méchant.

On croit être au temps des Phalaris. Les peuples ne valent pas mieux que les rois. Retracerai-je le tableau de la St. Barthelemi, si souvent retracé, & qui effraiera longtems les yeux de la postérité?

Il ne faut pas croire que cette journée fut unique. Elle fut précédée & suivie de quinze ans de perfidies, d'assassinats, de combats particuliers, de combats de province à province, de ville à ville, jusqu'à la paix de Vervins. Douze parricides médités contre Henri IV, & enfin la main de Ravaillac terminérent cette horrible carrière.

Elle recommença sous Louis XIII, dont le triste règne occupa tant d'assassins & de bourreaux. Louis XIV vit dans son enfance toutes les folies & toutes les fureurs de la Fronde.

Est-ce là ce peuple qui fut pendant quarante ans sous ce même Louis XIV également doux & valeureux, renommé par la guerre & par les beaux arts; industrieux & docile, savant & aimable, le modèle de tous les autres peuples? Il avait pourtant le même climat que du temps de Clovis, de Charles VI & de Charles IX.

Convenons donc que ſi le climat fait les hommes blonds ou bruns, c'eſt le gouvernement qui fait leurs vertus & leurs vices. Avouons qu'un véritablement bon roi eſt le plus beau préſent que le ciel puiſſe faire à la terre.

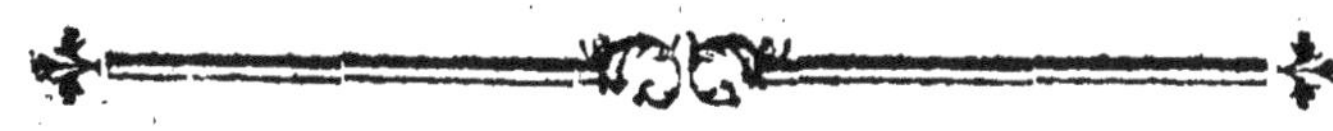

DU CARACTERE DES AUTRES NATIONS.

Eſt-ce la ſéchereſſe des deux Caſtilles, & la fraicheur des eaux du Guadalquivir qui rendirent les Eſpagnols ſi longtems eſclaves tantôt des Carthaginois, tantôt des Romains, puis des Gots, des Arabes, & enfin de l'inquiſition? Eſt-ce à leur climat ou à Chriſtophe Colomb qu'ils doivent la poſſeſſion du nouveau monde?

Le climat de Rome n'a guere changé, cependant y a-t-il rien de plus bizare que de voir aujourd'hui des Zocolanti, des Récolets dans ce même capitole où Paul Emile triomphait de Perſée, & où Cicéron fit entendre ſa voix.

Depuis le dixieme ſiècle juſqu'au ſeizieme, cent petits ſeigneurs & deux grands ſe diſputérent les villes de l'Italie par le fer & par le poiſon. Tout à coup cette Italie ſe remplit de grand artiſtes en tout genre. Aujourd'hui elle produit de charmantes cantatrices & des ſonnetieri. Cependant l'Apennin eſt toujours à la même place, & l'Eridan qui a changé ſon beau nom en celui de Pô, n'a pas changé ſon cours.

D'où vient que dans les reſtes de la forêt d'Hercinie, comme vers les Alpes, & ſur les plaines arroſées par la Tamiſe, comme ſur celles de Naples & de Capoue, le même abrutiſſement fanatique parmi les peuples, les mêmes fraudes parmi les prêtres, la même ambition parmi les princes, ont également déſolé tant de provinces fertiles, & tant de bruieres incultes? Pourquoi le terrein humide

& le ciel nébuleux de l'Angleterre ont-ils été cédés par un acte autentique à un prêtre qui demeure au Vatican ? Et pourquoi par un acte semblable les orangers de vers Capoue, Naples & Tarente, lui payent-ils encor un tribut ? En bonne foi, ce n'est pas au chaud & au froid, au sec & à l'humide, qu'on doit attribuer de pareilles révolutions ? Le sang de Conradin & de Frédéric d'Autriche a coulé sous la main des bourreaux, tandis que le sang de Saint Janvier se liquefiait à Naples dans un beau jour ; de même que les Anglais ont coupé la tête sur un billot à la reine Marie Stuard, & à son petit-fils Charles Ier, sans s'informer si le vent souflait du nord au midi.

Montesquieu pour expliquer le pouvoir du climat, nous dit qu'il a fait geler une langue de mouton (*) & que les houppes nerveuses de cette langue se sont manifestées sensiblement quand elle a été dégelée. Mais une lan-

(*) Page 256 de l'édition déja citée.

gue de mouton n'expliquera jamais pourquoi la querelle de l'empire & du ſacerdoce ſcandaliſa & enſanglanta l'Europe pendant plus de ſix cent ans. Elle ne rendra point raiſon des horreurs de la roſe rouge & de la roſe blanche, & de cette foule de têtes couronnées qui ſont tombées en Angleterre ſur les échafauts. Le gouvernement, la religion, l'éducation produiſent tout chez les malheureux mortels qui rampent, qui ſouffrent, & qui raiſonnent ſur ce globe.

Cultivez la raiſon des hommes vers le mont Véſuve, vers la Tamiſe & vers la Seine; vous verrez moins de Conradins livrés au bourreau ſuivant l'avis d'un pape; moins de Maries Stuard mourantes par le dernier ſupplice; moins de catafalques élevés par des pénitents blancs à un jeune proteſtant coupable d'un ſuicide; moins de roues & de buchers dreſſés pour des hommes innocents; moins d'aſſaſſins ſur les grands chemins & ſur les fleurs de lis.

DE
LA LOI SALIQUE.

LA plupart des hommes qui n'ont pas eu le tems de s'inſtruire, les dames, les courtiſans, les princeſſes même, qui ne connaiſſent la loi Salique que par les propos vagues du monde, s'imaginent que c'eſt une loi fondamentale, par laquelle autrefois la nation Françaiſe aſſemblée, exclut à jamais les femmes du trône. Nous avons déja démontré qu'il n'y a point de loi fondamentale, & que s'il en exiſtait une établie par des hommes, d'autres hommes peuvent la détruire. Il n'y a rien de fondamental que les loix de la nature poſées par Dieu même. Mais voici de quoi il s'agit.

La tribu des Francs Saliens dont Clovis était le chef, ne pouvait avoir de loi écrite. Elle ſe gouvernait par quelques coutumes, comme toutes les nations qui n'avaient pas été enchaînées & policées par les Romains. Ces coutumes furent, dit-on, rédigées depuis par écrit dans un latin inintelligible, par ce même Clotaire qui avait massacré les petits-fils de sa mère Clotilde presque entre ses bras, & qui depuis fit brûler son propre fils, sa femme & ses enfants. Ce prince parricide fut heureux, ou du moins le parut; car il recueillit toute la succession de la France orientale & occidentale. Il se peut qu'il fit publier la loi Salique, parce qu'il y avait dans cette loi un article qui excluait les filles de tout héritage. Il avait deux nieces qu'il voulait dépouiller; il les enferma dans une obscure prison. L'histoire ne dit point pourquoi il épargna leur sang. On ne peut pas toujours tuer. La barbarie a, comme les autres inclinations, des moments de relâche. Il se contenta donc, à ce qu'on prétend, de promulguer cette loi qui semblait ne rien laisser aux filles, tandis qu'elle donnait des royaumes aux mâles. Daniel ne dit point que ce fut Clotaire qui rédigea cette loi. Il dit seulement que Clotaire fut très dévot à St. Martin.

On a deux autres copies tronquées & informes d'une partie de cette loi Salique, l'une donnée par Herold ſavant Allemand, l'autre par Pithou ſavant Français, à qui nous avons l'obligation d'avoir déterré les fables de Phèdre, & d'avoir été procureur général de la premiere chambre de Juſtice érigée contre les déprédateurs des finances.

Ces deux éditions ſont différentes, & ce n'eſt pas un ſigne de leur authenticité. L'édition d'Hérold commence par ces mots.

In Chriſti nomine incipit pactus legis Salicæ.

Hi autem ſunt qui legem Salicam tractavere, Viſogaſt, Arogaſt, Salegaſt & Vindogaſt.

L'édition de Pithou commence ainſi.

Incipit tractatus legis Salicæ gens Francorum inclita autore Deo condita... quatuor viri electi de pluribus Viſogaſtus, Bodogaſtus, Sologaſtus, Vodogaſtus....

Les noms des rédacteurs Francs ne ſont pas les mêmes. L'une & l'autre copie ſont ſans datte.

Charlemagne fit depuis tranſcrire en effet la loi Salique avec les loix Allemandes & Bavaroiſes. A ce mot de loix on ſe figure un code, où les droits du ſouverain & du peuple ſont réglés. Ce code Salique ſi fameux, commence par des cochons de lait, des porcs d'un an & de deux, des veaux engraiſſés, des bœufs & des moutons. On apprend du moins par là que le voleur d'un bœuf n'était condamné en juſtice qu'à trente-cinq ſous, & que le voleur d'un taureau banal devait en payer quarante-cinq. Il en coutait quinze pour avoir pris le couteau de ſon voiſin. Le ſou, *ſolidum* d'argent valait alors huit livres d'aujourd'hui.

On y trouve un article qui fait bien voir les mœurs du temps; c'eſt l'article 45 qui traite des *meurtres commis à table.* C'était donc un uſage aſſez commun d'égorger ſes convives.

Par l'article 58 il en coute quatre cent ſous pour avoir tué un diacre, & ſix cent pour avoir tué un prêtre. Il eſt donc clair que la loi Salique ne fut établie qu'après que les

les Francs ſe furent ſoumis au chriſtianiſme. Au reſte, on peut préſumer que le coupable était pendu quand il n'avait pas dequoi payer. L'argent était ſi rare qu'on ne feſait juſtice que de ceux qui n'en avaient pas.

Par l'article 58, une ſorciere qui a mangé de la chair humaine paye deux cent ſous. Il faut même par l'énoncé qu'elle ait mangé un homme tout entier. *Si hominem comederit.*

Ce n'eſt qu'à l'article 62 qu'on trouve les deux lignes célèbres dont on fait l'application à la couronne de France. *De terra vero Salica nulla portio hereditatis mulieri veniat, ſed ad virilem ſexum tota terræ hereditas perveniat.* Que nulle portion d'héritage de terre ſalique n'aille à la femme, mais que tout l'héritage de la terre ſoit au ſexe maſculin.

Ce texte n'a aucun rapport à ceux qui précédent ou qui ſuivent. On pourait ſoupçonner que Clotaire inſéra ce paſſage dans le code Franc, pour ſe diſpenſer de donner la ſubſiſtance à ſes nieces. Mais ſa cruauté n'avait pas beſoin de cet artifice. Il n'avait pris aucun prétexte quand il égorgea ſes deux neveux de sa propre main. Il avait à faire à deux filles dénuées de tout secours, & il les tenait en prison.

De plus, dans ce même passage qui ôte tout aux filles dans le petit pays des Francs Saliens, il est dit : *s'il ne reste que des sœurs de père qu'elles succédent, s'il n'y a que des sœurs de mère qu'elles aient tout l'héritage.*

Ainsi par cette loi même, Clotaire aurait tout donné aux tantes, en pensant exclure les nieces.

On dira qu'il y a une énorme contradiction dans cette prétendue loi des Francs Saliens, & on aura grande raison. On en trouve dans les loix Grecques & Romaines. Nous avons vu, & nous avons dit dans toute notre vie, que ce monde ne subsiste que de contradictions.

Il y a bien plus, cette coutume cruelle fut abolie en France dès qu'elle y fut publiée. Rien n'est plus connu de tous ceux qui ont quelque teinture de notre ancienne histoire, que cette formule par laquelle tout Franc Salien instituait ses filles héritieres de ses domaines.

MA CHERE FILLE, UN USAGE ANCIEN ET IMPIE, OTE PARMI NOUS TOUTE PORTION PATERNELLE AUX FILLES. MAIS AYANT CONSIDÉRÉ CETTE IMPIÉTÉ, J'AI VU QUE VOUS M'AVIEZ ÉTÉ TOUS DONNÉS DE DIEU ÉGALEMENT, ET JE DOIS VOUS AIMER DE MEME. AINSI, MA CHERE FILLE, JE VEUX QUE VOUS HÉRITIEZ PAR PORTION ÉGALE AVEC VOS FRERES DANS TOUTES MES TERRES.

Or une terre Salique était un franc-aleu libre. Il eſt évident que ſi une fille pouvait en hériter, à plus forte raiſon la fille d'un roi. Il aurait été injuſte & abſurde de dire, notre nation eſt faite pour la guerre, le ſceptre ne peut tomber de lance en quenouille. Et ſuppoſé qu'alors il y eut eu des armoiries peintes, & que les armoiries des rois Francs euſſent été des fleurs de lys, il eut été bien plus abſurde de dire comme on a dit depuis, *les lys ne travaillent ni ne filent.*

Voilà une plaiſante raiſon pour exclure une princeſſe de ſon héritage! Les tours de Caſtille filent encor moins que les lys; les léopards d'Angleterre ne filent pas plus que les tours. Cela n'empêchait pas que les filles n'héritassent des couronnes de Castille & d'Angleterre sans difficulté.

Il est évident que si un roi des Francs n'ayant qu'une fille, avait dit par son testament, *ma chère fille, il y a parmi nous un usage ancien & impie, qui ôte toute portion paternelle aux filles, & moi considérant que vous m'avez été donnée de Dieu, je vous déclare mon héritiere*, tous les antrustions & tous les Leudes auraient dû lui obéir. Si elle n'eut point porté les armes on les aurait portées pour elle. Mais probablement elle aurait combattu à la tête de ses armées, comme ont fait notre héroïne Marguerite d'Anjou, non assez célébrée, & la magnanime Comtesse de Montfort, & tant d'autres.

On pouvait donc renoncer à la loi Salique en fesant son testament, comme tout citoyen peut encor aujourd'hui renoncer par son testament à la loi *Falcidia*.

Pourquoi les deux ou trois lignes de la loi Salique auraient-elles été si funestes aux filles des rois de France? La France était-elle reconnue pour terre Salique, pour terre du pays où coule la rivière Sala en Allemagne, ou pour terre de la Salle dans la campine ? Les filles des rois étaient-elles de pire condition que les filles des pairs de France ? La Guienne, la Normandie, le Ponthieu, Montreuil apartinrent à des femmes, & vinrent aux rois d'Angleterre par des femmes. Les comtés de Toulouse & de Provence tombèrent entre les mains des femmes sans nulle réclamation.

Philippe de Valois lui-même qui combattit avec tant de malheur pour la loi Salique, jugea en faveur du droit des femmes, la cause de Jeanne, épouse de Charles de Blois, contre Montfort ; & adjugea la Bretagne à Jeanne. Il décida de même le fameux procès de Robert d'Artois, prince du sang descendant par mâles d'un frère de Saint Louis contre Mahaut sa tante. S'il y avait une province en France où la loi Salique dut être en vigueur, c'était un des premiers cantons subjugués par les Francs Saliens, quand ils envahirent les Gaules. Cependant Philippe de Valois & sa cour des pairs donnèrent l'Artois aux femmes, & forcèrent le prince à commettre un crime de faux pour soutenir ses droits. Du moins à ce qu'on dit.

Que conclure de tant d'exemples ? Encor une fois que tout eſt contradictoire dans les gouvernements & dans les paſſions des hommes.

Venons enfin à la grande querelle de Philippe de Valois & d'Edouard III roi d'Angleterre.

Louis Hutin arrière petit-fils de St Louis, ne laiſſa qu'une fille (je ne parle point d'un fils poſthume qui ne vécut que peu de jours) qui devait ſuccéder à Louis Hutin ? Etait-ce ſa fille unique Jeanne, ou ſon ſecond frère Philippe le long ? Louis n'avait point employé la formule, *ma chère fille, il y a une loi impie.* Il ne la connaiſſait pas ſans doute ; elle était enſevelie dans les formules de Marculfe, depuis le huitieme ſiècle, au fonds de quelque couvent de Bénédictins, qui n'étaient pas ſi ſavants que les Bénédictins d'aujourd'hui. Le duc de Bourgogne Eudes, oncle maternel de Jeanne voulut en vain ſoutenir les droits de ſa nièce ; en vain il s'empara d'abord de la petite forteresse du Louvre ; en vain il s'oppoſa au ſacre ; le parti de Philippe le long fut le plus puiſſant. Tout le monde criait la loi Salique! la loi Salique! qu'on ne connaiſſait que par ce peu de lignes qu'on répétait ſi aiſément, filles n'héritent point de terres ſaliques. Philippe le long règna, & Jeanne fut oubliée.

Dès qu'il fut ſacré, il convoqua en 1317, une grande aſſemblée de notables, à la tète de laquelle était un cardinal nommé d'Arablai. L'univerſité y fut appellée. Les membres laïques de cette aſſemblée qui ſavaient écrire, ſignèrent *que filles n'héritent point du royaume*. Les autres firent appoſer leurs ſceaux à cet inſtrument autentique. Et ce qui eſt fort étrange, les membres de l'univerſité ne le ſignèrent point; quoique la ſouſcription d'une compagnie réputée alors la ſeule ſavante, & qu'on a nommée le concile perpétuel des Gaules, manquat à un acte ſi intéreſſant; il n'en fut pas moins regardé comme une loi fondamentale du royaume.

Cette loi eut bientôt ſon plein effet à la mort de Philippe le long. Il ne laiſſait que des filles, & comme il avait ſuccédé à ſon frère Louis Hutin, ſon frère Charles le bel lui ſuccéda avec l'aplaudiſſement de la France. La mort pourſuivait ces trois jeunes frères. Leurs règnes ne remplirent en tout qu'une durée de treize ans. Charles le bel en mourant ne laiſſa encor que des filles. Sa veuve Jeanne d'Evreux était enceinte, il fallait nommer un régent. Le droit à cette régence fut diſputé par les deux plus proches parents, le jeune Edouard III roi d'Angleterre, neveu des trois rois de France derniers morts, & Philippe comte de Valois leur couſin germain. Edouard était neveu par ſa mère, & Valois était couſin par ſon père. L'un alléguait la proximité, l'autre ſa deſcendance par les mâles. La cauſe fut jugée à Paris dans une nouvelle aſſemblée de notables, compoſée de pairs, de hauts barons, & de tout ce qui pouvait repréſenter la nation.

On décida d'une voix unanime que la mère d'Edouard n'avait pu tranſmettre à ſon fils aucun droit puiſqu'elle n'en avait pas. La cauſe des Anglais était bien mauvaiſe, mais ils diſaient aux Français, ce n'eſt pas à vous à décider, vous êtes Juges & parties, nous en appellons à Dieu & à notre épée. Edouard en ce genre devint le meilleur avocat de l'Europe, & Dieu fut pour lui.

PETITE DIGRESSION SUR LE SIEGE DE CALAIS.

ON nous peint ce prince comme le modèle de la bravoure & de la galanterie, ayant tout le bon ſens dont les Anglais ſe piquaient, & tous les agréments qu'on louait dans les Français. Politique & vif, plein de valeur & de graces, opiniâtre & généreux. On lui reproche qu'au ſiege de Calais il exigea que ſix bourgeois vinſſent lui demander pardon la corde au cou. Mais il faut ſonger que cette triſte cérémonie était d'uſage avec ceux qu'on regardait comme ſes ſujets. Je n'ai jamais pu me perſuader que le même roi qui les renvoya avec des préſents, eut en effet conçu le deſſein de les faire étrangler, puiſque dans le même temps dès qu'il fut maître de Calais, il traita avec une généroſité ſans exemple des chevaliers Français qui voulurent rentrer dans Calais par trahiſon. Ces chevaliers,

Charni & Ribaumont, malgré les loix de la guerre, prirent le temps d'une trêve pour ourdir leur perfidie. Ils corrompirent le gouverneur. Edouard qui était alors à Londres & qui en fut informé, daigna venir lui-même dans Calais avec ſon jeune fils le fameux prince noir, reçut les armes à la main les Français aux portes de la ville, s'attacha principalement à Ribaumont, le combattit longtemps comme dans un tournoi, l'abbatit & en fut abbattu; le prit enfin priſonnier lui & tous ſes compagnons. Quel châtiment fit-il de ces braves, plus dangereux que ſix bourgeois de Calais & ſans doute plus coupables? Il les fit ſouper avec lui, & détacha de ſon bonnet un tour de perles dont il orna le bonnet de Ribaumont. Il fit plus, il ſe contenta de chaſſer le gouverneur de Calais qui l'avait trahi. C'était un Italien qui trahit en même temps le roi de France Philippe; & Philippe le fit écarteler. Je demande des deux rois quel était le généreux, quel était le héros?

Je ſais que depuis peu en France dans des conjonctures très malheureuſes, on a voulu flatter la nation en lui peignant la priſe de Calais comme un événement glorieux pour elle après la bataille de Crecy, & comme déshonorant pour Edouard. Si on voulait conſoler & flatter le gouvernement Français, ce n'était pas la perte de Calais qu'il fallait célébrer, c'était l'héroïſme de François de Guiſe qui la reprit au bout de deux cent dix années. Il faut avouer qu'Edouard fut un terrible ennemi, ou du moins un terrible interprête de la loi Salique.

Elle fut dans un plus grand danger quand le roi d'Angleterre Henri V fut reconnu roi de France par tous les ordres du royaume.

Elle ne fut pas moins foulée au pied dans les états de Paris quand Philippe II ſe diſpoſait à donner la France à ſa fille Claire Eugénie. Perſonne ne peut ſavoir ce qui ſerait arrivé ſi la cour d'Eſpagne avait laiſſé le prince de Parme avec plus de troupes en France, & ſur-tout ſi Henri IV n'avait eu la politique de changer de religion, & le bonheur d'être en même tems éclairé par la grace.

Cette loi Salique ſans doute eſt affermie; elle ſera indiſputable & fondamentale tant que la France aura le bonheur d'avoir des princes de cette maiſon unique dans le monde qui règne depuis treize ſiècles (*). Mais je ſupoſe qu'un jour, dans vingt à trente ſiècles, il ne reſte qu'une ſeule princeſſe de ce ſang ſi auguſte & ſi cher; que fera-t-on de ces lignes qui diſent, *filles n'auront aucune portion de la terre?* Que fera-t-on de la deviſe, *les lys ne filent point?* On aſſemblera les états généraux; les deſcendants de nos ſecretaires du roi, des chevaliers de Saint Michel & de Saint Lazare d'aujourd'hui, qui ſeront alors les ducs & pairs, les grands officiers de la couronne, les gouverneurs de provinces brigueront le trône de la France. Je ſupoſe que cette princeſſe qui reſtera ſeule du ſang royal, aura toutes les vertus que nous chériſſons avec reſpect dans les prin-

(*) Il eſt vraiſemblable que Hugues Capet deſcendait d'une petite fille de Charlemagne, & Charlemagne d'une fille de Clotaire II.

ceſſes de nos jours; je ſupoſe encor qu'elle ſera très belle & très ſéduiſante; en conſcience meſſieurs des états généraux lui refuſerez-vous le trône où ſe feront aſſis ſes pères pendant quatre mille ans, & cela ſous prétexte qu'il ne faut pas que la Gaule paſſe de lance en quenouille?

FIN.

www.ingramcontent.com/pod-product-compliance
Ingram Content Group UK Ltd.
Pitfield, Milton Keynes, MK11 3LW, UK
UKHW021308190726
13839UKWH00007B/542

9 782329 590165